Leadership im Homeoffice

Der praktische Guide für die dezentrale Mitarbeiterführung

LORELEI KOPP

Published by LUVE Publishing, 1. Auflage, 2020
ISBN: 9798644467679

CodeWort Digitalagentur OG
Entenplatz 1a
8020 Graz
Austria

www.luve-publishing.com

INHALT

VORAB

„Für mich ist klar, dass Remote-Arbeitende in der Regel besser arbeiten und gegenüber ihren Kollegen im Büro auch einen besseren Return on Investment (ROI) erzielen.“

Dave Nevogt, CEO Hubstaff

Was Dave Nevogt, den CEO von Hubstaff, zu dieser überschwänglichen Aussage verleitet, werden wir im Laufe dieses Buchs noch sehr detailliert erfahren. Zunächst starten wir jedoch mit einem kurzen FAQ für Zweifler. Wir betrachten die häufigsten Fragestellungen, mit denen Leser, Führungskräfte, Personalverantwortliche und Gründer an dieses Buch herantreten. Für all diese Fragen und noch viele weitere Aspekte werden Sie in diesem Buch umfangreiche Antworten, wertvolle Praxistipps und erfolgreiche Erfahrungsberichte finden - lassen Sie sich überraschen!

EIN FAQ FÜR ZWEIFLER

Um gleich zu Beginn in Erfahrung zu bringen, ob dieses Buch für Sie und Ihre individuelle Situation die richtige Wahl ist, tauchen wir kurz in ein FAQ für Zweifler ein.

FAQ #1
„Wie gelingt mir als Personalverantwortlicher die virtuelle Kommunikation mit meinem Team? Man begegnet sich ja nicht einfach so auf dem Gang oder in der Kaffeeküche, wie kann Kommunikation trotzdem funktionieren?"

Virtuell zu führen ist – wie Führung allgemein – ein Stück Handwerk, das man lernen kann. Was gute Führung ausmacht, nämlich zugänglich zu sein, klar zu kommunizieren oder konkrete Ziele zu setzen, ist auch beim virtuellen Leadership von Bedeutung. Was sich im Gegensatz zum „Führen im Büro" verändert, ist die Art der Kommunikationsweise. In der virtuellen Arbeitswelt finden sich theoretisch weniger Möglichkeiten, körpersprachliche Signale zu lesen. Die Kommunikation findet zu großen Teilen schriftlich statt. Doch mit den passenden Tools, Tipps und Best-Practice-Beispielen kann digitale

Kommunikation mindestens genauso gut funktionieren und die Lücke erfolgreich geschlossen werden.

FAQ #2
„Es scheint, als ob ich beim Leadership aus dem Homeoffice jede Menge Vertrauen in meine Mannschaft legen muss. Als Kontrollfreak fällt mir das jedoch - ehrlich gesagt - sehr schwer. Kann ich mir dazu Hilfestellung im Buch erwarten?"

Ja, das dürfen Sie. Ohne Vertrauen geht zwar das „Führen auf Distanz" nicht, doch die Praxis unzähliger Remote-Teams zeigt uns, wie es funktionieren kann. Das Vertrauen in sein Team macht sich in den allermeisten Fällen bezahlt – insbesondere mit Blick auf den mittel- und langfristigen Zeithorizont. Angestellte im Homeoffice sind einigen Studien zufolge sogar produktiver, arbeiten oftmals konzentrierter an ihren Aufgaben und sind deshalb in Summe durchaus effizienter. Warum? Auch dieser Frage werden wir im Buch detailliert auf den Grund gehen.

FAQ #3
„Ein Mitarbeiter- oder Vorstellungsgespräch scheint per Videocall eine spezielle Herausforderung zu sein. Gibt es Tipps, wie dies dennoch gut gelingen kann?"

Ja, es gibt für solche Spezialfälle hilfreiche Empfehlungen, damit Ihnen Mitarbeitergespräche oder auch Kündigungsgespräche auf Distanz ebenso gelingen können. Mitarbeitergespräche sollen im Remote-Team beispielsweise in zeitlich kürzeren Abständen abgehalten werden, während Vorstellungsgespräche besser nicht per Telefon, sondern ausschließlich per Videocall und damit von Angesicht zu Angesicht geführt werden sollen. Auch für Kündigungsgespräche gibt es einige hilfreiche Dos und Don'ts, die es zu beachten gilt.

FAQ #4

„Wird sich Remote-Work und Homeoffice zu einem langfristigen Trend in der Arbeitswelt entwickeln? Welche Gründe sprechen dafür, welche dagegen? Und, wie kann ich mich, unsere Abteilung und unser Unternehmen aufstellen, um von diesem Trend zu profitieren?"

Remote-Work, dezentrale Teams und das Leadership auf Distanz erleben nicht erst seit den strengen Maßnahmen zur Ausbreitung von COVID-19 einen enormen Aufschwung - auch wenn dieser Anlass dem Arbeiten aus dem Homeoffice einen unglaublichen „Boost" verliehen hat. In den letzten Jahren haben einige sehr erfolgreiche Unternehmen bereits vollständig auf remote umgestellt - Automaticc (Wordpress), Buffer oder Zapier sind nur einige davon. Die damit einhergehenden Vorteile sind auf allen Ebenen groß. Allerdings bringt ein dezentral geführtes Unternehmen auch ein Risiko mit sich. Insbesondere, wenn die Planung und stetige Reflexion zu kurz ausfallen. Aus diesem Grund sind Manager, Unternehmer und Führungskräfte gut darin beraten, sich aktiv mit diesem zukunftsträchtigen Thema auseinanderzusetzen - zu bedeutsam wird Remote-Work auch in den Post-Corona-Zeiten sein.

FAQ #5
„Das Führen aus dem Homeoffice ist für mich völliges Neuland. Oder - Ich bin an diese Art der Führung bereits seit einiger Zeit gewohnt und wünsche mir lediglich einige hilfreiche Tipps für Fortgeschrittene. Kann ich mir für beide Fälle passende Inhalte im Buch erwarten?"

Ja, definitiv! Die gute Nachricht lautet: Dieses Buch ist vom Aufbau her in einzelne Elemente geteilt, die Sie je nach Vorwissen oder Interessensgebiet individuell zusammenstellen können. Sie können einzelne Kapitel überspringen und Ihre Lesezeit damit bestmöglich nutzen. Als Einsteiger in die Thematik werden Sie sehr wahrscheinlich das gesamte Buch verschlingen, während Sie als bereits erfahrener „Remote-Leader" vielleicht lediglich an den ausgewählten Tipps, den Toolvorschlägen und Best-Practice-Ansätzen aus der Praxis Interesse finden. Dieses Buch bietet für jedes Fortschrittslevel die passende Unterstützung. Sollten Sie in diesem Aspekt nicht mit mir übereinstimmen, bietet Ihnen Amazon darüber hinaus eine 14-tägige Rückgabemöglichkeit mit Geld-zurück-Garantie an.

MEINE BEWEGGRÜNDE UND WARUM SIE DIESES BUCH LESEN SOLLTEN

Wow, das heutige Meeting mit meinen vier Mitarbeitern war ein gutes. Wo soll ich mit dem Erzählen nur loslegen? Vielleicht damit, dass wir uns dafür nicht um einen runden Tisch im Besprechungsraum eines angemieteten Büros eingefunden haben, sondern uns zu unserem wöchentlichen Marketingmeeting in einen virtuellen Videocall verabredet haben? Oder damit, wie wir uns zu Beginn erstmal fünf Minuten über lustige Anekdoten unserer Kinder ausgetauscht und bewusst nicht über die Arbeit geredet haben? In diesen fünf Minuten zu Beginn jedes Meetings verbieten wir uns streng über die Arbeit zu sprechen und checken damit bewusst erst einmal auf persönlicher Ebene mit dem anwesenden Team ein.

Nach rund fünf Minuten war es dann an der Zeit die Punkte unserer Agenda in Angriff zu nehmen. Im heutigen Meeting war unser Ziel den Marketingfahrplan des neuesten Onlineprodukts zu adaptieren. Konkret hieß das, unseren ursprünglichen Plan an die neue Marktsituation anzupassen – der COVID-19-Ausbruch hat schließlich auch auf unser Unternehmen abgefärbt. Wir sind gemeinsam zu dem Entschluss gekommen, dass wir unsere Vermarktung diesbezüglich rasch beschleunigen sollten, denn das

Produkt soll in diesen Zeiten möglichst schnell zu allen lernwilligen Personen in Heimquarantäne kommen. Die Krise kann, darüber waren wir uns einig, für unseren Onlinekurs zum Thema „Dezentrales Leadership“ eine unglaubliche Chance mit sich bringen. Nach dieser Erkenntnis haben wir nach kreativen Kampagnenideen gesucht, haben gemeinsam gebrainstormt und verschiedene Werbeideen in OneNote festgehalten. Den zweiten Teil der Besprechung haben wir uns dann für die Organisation der operativen Umsetzung genutzt. Konkret hieß das To-dos ableiten, Deadlines festlegen und den idealen Workflow für das Team besprechen. Das Meeting war für mein Empfinden ein sehr produktives. Jeder Teilnehmer hat sich aktiv an der Diskussion beteiligt und ihre Ideen, Bedenken und konkreten Vorschläge eingebracht.

Beendet haben wir unser Meeting nach ziemlich genau einer Stunde. Diesen Zeitrahmen halten wir in der Regel meist gut ein. Länger sollte kein Meeting in unserem Unternehmen dauern, so sieht es unser Kommunikationsleitfaden vor. Wir haben zum Abschluss noch kurz das ROTI ausgepackt. Sie fragen sich jetzt wahrscheinlich: „ROTI, was?“. Die vier Buchstaben stehen für „Return on Time Invested“ und sind eine kurze Feedbackmethode für das Evaluieren der eingebrachten Zeit.

In nur wenigen Sekunden wird damit klar, wie sinnvoll die für das Meeting investierte Zeit in den Augen der einzelnen Teilnehmer ist. Dabei zähle ich als Moderator kurz „Eins, Zwei, Drei“, und im Anschluss daran zeigt jeder eine Anzahl an Fingern in die Webkamera. Ein Finger steht für miserables Investment, fünf Finger stehen für exzellent genutzte Zeit und demnach für ein höchst produktives Meeting. Heute hatten wir vier volle Hände vor der Kameralinse und eine Vier-Finger-Bewertung. Letztere kam von unserer Grafikerin Johanna. Aufgrund der tollen Bewertung war die Stimmung am Ende des Meetings recht ausgelassen. Wir haben uns dann sogar noch den Spaß erlaubt und Johanna für das nächste Meeting inoffiziell ausgeladen - schließlich wollten wir eine noch bessere ROTI-Bewertung erreichen. Johanna hat hingegen souverän gekontert und angemerkt, sie sei heute offiziell eh nicht eingeladen gewesen und sei nur erschienen, um uns zu ärgern. Großes Gelächter war die logische Konsequenz, und ich drückte mit einem Lächeln auf den Lippen die Schaltfläche zum Beenden des Meetings.

Beim Ablegen meines Headsets und dem anschließenden Zuklappen meines Laptops hatte ich die plötzliche Erkenntnis diese tolle Erfahrung mit (m)einem virtuellen Team einer wesentlich größeren Leserschaft zugänglich zu machen. Die Idee, ein Buch über dieses Thema zu verfassen, ließ mich nicht mehr los und kristallisierte sich in den Folgetagen sogar noch stärker heraus. Für mich war das Arbeiten, Organisieren und Führen aus dem Homeoffice schließlich kein Neuland mehr, ich habe mein Unternehmen vor einigen Jahren bewusst rund um ein dezentrales Team aufgebaut - und liebe die damit einhergehende Freiheit jeden Tag aufs Neue. Mit der COVID-19-Pandemie sind viele Führungskräfte weniger freiwillig in die Situation des virtuellen Leaderships gekommen, und genau denen will ich mit meiner Expertise eine Hilfestellung bieten.

Neben der Freiheit des ortsunabhängigen Arbeitens sind es auch simple wirtschaftliche Faktoren, die mich zu einer großen Verfechterin von Remote-Work gemacht haben. Meiner Ansicht nach handelt es sich um ein Zusammenspiel aus Vorteilen, die sich gegenseitig befruchten und die es wert sind mit diesem Buch herausgestrichen zu werden.

Arbeit ist für mich etwas, das wir schaffen und mit dem wir idealerweise einen Mehrwert kreieren. Für mich ist es kein Ort, an den wir uns regelmäßig hinbegeben und uns dort acht Stunden die Zeit vertreiben. Mit dieser losgelösten Sichtweise zum Begriff der Arbeit begann ich vor einigen Jahren dann vermehrt mich den organisatorischen Aspekten zu widmen: Wo lege ich die Dokumente ab, wenn ich keine fixen Büroordner mehr habe? Wie kann ich mit meinem Team kommunizieren, wenn wir uns nicht täglich von Angesicht zu Angesicht sehen? Welches sind die besten Tools für ein Onlinemeeting, oder ein lustiges After-Work-Treffen? Das alles waren Fragen, die ich für mich selbst erst beantworten musste, bevor ich sie nun an andere Unternehmen, Führungskräfte und Personalverantwortliche weitergeben darf.

Sollten Sie meine euphorischen Ansichten für Remote-Teams noch etwas belächeln und sich zunächst in gesunder Zurückhaltung wiegen, dann seien Sie beruhigt: Mir ging es zu Beginn meiner Annäherung mit dem Arbeiten aus dem Homeoffice, Remote-Work im Allgemeinen und dem späteren Führen von Remote-Teams sehr ähnlich. Die Vorteile des regelmäßigen Zusammenkommens an einem Ort liegen zunächst auf der Hand: Wir kommunizieren schließlich mit viel mehr als nur der Stimme. Eine Sache in einem persönlichen Gespräch zu klären, ist in fast allen Fällen der Text-Kommunikation, einem Telefonat oder einer pixeligen Videokonferenz mit wackeliger Bildübertragung überlegen.

Doch, das Homeoffice bringt eben auch viele Vorteile mit sich: Ungestörtes und oft unterbrechungsfreies Arbeiten anstelle von Großraumbüro-Lärm, keine langen Anfahrtswege oder Pendlermühen, die Zusammenarbeit von Teams aus verschiedensten Teilen des Landes oder gar der ganzen Welt – all das spricht für ein dezentrales Remote-Team. Auch der Aspekt der erhöhten Flexibilität bei der persönlichen Lebensgestaltung ist ein gewichtiger Faktor für viele Arbeitnehmer. Insbesondere den Jüngeren ist Work-Life-Balance besonders wichtig, sie bevorzugen deshalb oftmals Jobmöglichkeiten, in denen die Option zum Remote-Arbeiten gegeben ist.

Zwischen diesen zwei Polen der Vor- und Nachteile dezentraler Teams liegt die „goldene Mitte der Wahrheit“. Für einige Teams stellt sich eine Mischung aus wenigen Tagen Präsenz im Büro und der Möglichkeit zum Homeoffice als Königsweg heraus. Andere wiederum setzen völlig auf Remote-Work und haben den Firmensitz sogar ganz aufgelöst. Wie auch immer die Wahl ausfällt, sie sollte gut durchdacht und von vielen Blickwinkeln aus betrachtet werden.

Ich freue mich Ihnen nun mein über die Jahre erarbeitetes Theorie- und Praxiswissen weitergeben zu dürfen, Ihnen

Beispiele aus der Welt von bereits erfolgreich etablierten Remote-Unternehmen schildern zu dürfen und Sie mit praktischen Tools und Tipps ausstatten zu dürfen. Die weltweite Corona-Pandemie wirkt aktuell wie ein Brandbeschleuniger für die Entwicklung des Remote-Arbeitens, gar keine Frage. Das Homeoffice und die damit einhergehende Führung von dezentralen Teams stellt alle vor große Herausforderung. Mein bescheidener Wunsch ist es an dieser Stelle, dass Sie diese Herausforderung als Chance sehen und idealerweise auch als solche nutzen – für Sie persönlich, als Mensch, Führungskraft und Personalverantwortlicher sowie für die zukünftige Ausrichtung Ihres Unternehmens.

Ich freue mich nun mit Ihnen in dieses zukunftsträchtige Thema einzutauchen und wünsche Ihnen viel Spaß beim Lesen und Lernen!

Ihre Lorelei Kopp

REMOTE-LEADERSHIP: GEKOMMEN, UM ZU BLEIBEN?

„Vieles, das wir gerade sehen, ist nichts Neues. Es sind nur die neuen Technologien, die das ortsunabhängige Arbeiten auf einmal für viele Personen möglich machen."

Pilar Orti, Virtual not Distant

In Ergänzung zu dieser Aussage aus den Pre-Corona-Zeiten müsste wohl COVID-19 als zusätzlicher Treiber für das ortsunabhängige Arbeiten angeführt werden. Es sind immerhin nicht nur die neuen Technologien, die das Homeoffice vorantreiben, sondern jüngst auch die weltumspannende Pandemie, aufgrund der viele die Möglichkeit erhielten remote ihrer Arbeit nachzugehen.

Doch schon lange bevor Corona um sich schlug, fanden die Begriffe des Remote-Works, der Telearbeit oder des Homeoffices vermehrt Anklang. Mit der Digitalisierung hat sich die Arbeitswelt in den letzten Jahren verändert: Dank Smartphone, iPad und Laptop sind die Grenzen zwischen Büroarbeit und Feierabend, zwischen Arbeitszeit und Urlaub zunehmend verschwommen. Mit all den Nachteilen, die diese Aufweichung mit sich bringt, verbirgt sich dahinter doch auch ein unglaubliches Potenzial. Den Begriff „Arbeit“ können wir mit dieser Veränderung völlig neu denken. Schließlich ist die Arbeit nun nicht mehr per sé an einen bestimmten Ort oder an eine festgeregelte Zeit gebunden.

In manchen Bereichen der Wirtschaft wird heute in Ansätzen ersichtlich, was der Philosoph Frithjof Bergmann bereits in den frühen Achtzigerjahren mit dem Begriff „New Work“ meinte. Bergmann sah angesichts der fortschreitenden Automatisierung das Ende des klassischen "Jobsystems" und prophezeite eine Bewegung der „Neuen Arbeit“. Die Menschen hatten ihm zufolge mit Hilfe der neuen Technologien erstmals die Chance, sich von der Knechtschaft der Lohnarbeit zu befreien und stattdessen die Arbeit auszuwählen, die sie wirklich erfüllt. Dem Psychologen Markus Väth zufolge geht die Entwicklung sogar noch ein Stück weiter. Ihm zufolge geht es heute weniger um die Grenze zwischen Arbeit und Privatleben, sondern um eine gelungene Kombination von beidem. Die Möglichkeit, den Arbeitsort individuell und flexibel wählen zu können, ist für viele junge Angestellte von zentraler Bedeutung und gibt ihnen diese Option zur freien Wahlmöglichkeit. Um so überraschender ist es, dass in der Praxis nur 40 Prozent der Befragten angeben, die Option des Homeoffice auch tatsächlich zu nutzen. Ein Grund für das Auseinanderklaffen von Wunsch und Wirklichkeit ist möglicherweise die fehlende, gelebte Praxis in vielen Unternehmen. Die Flexibilität des Remote-Arbeitens ist auf dem Papier zunächst oft anzutreffen, zur gelebten Praxis zählt es jedoch in deutlich weniger Fällen. Zu diesem Ergebnis kam auch eine kürzlich veröffentlichte, repräsentative Studie des Instituts für Arbeitsmarkt- und Berufsforschung (IAB) in Kooperation mit dem Leibniz-Zentrum für Europäische Wirtschaftsforschung (ZEW). Demnach bietet zwar jeder vierte Arbeitgeber die Möglichkeit der Arbeit aus dem Homeoffice an – jedoch nur als Ausnahme und weniger als gelebte und erwünschte Praxis. Einen regelmäßigen Tag pro Woche von zu Hause aus zu arbeiten ist nur bei einem Sechstel aller Betriebe, die überhaupt Telearbeit ermöglichen, erlaubt. Radikalere Modelle wie etwa das vollständige Remote-Arbeiten kommen in der Realität der Unternehmen in Österreich, Deutschland und der Schweiz noch sehr selten vor.

Mit der COVID-19-Pandemie hat sich dieses Bild von einem Tag auf den anderen geändert. Das Social Distancing hat auch vor dem Büro nicht Halt gemacht und mit ihm sind vielerorts über Nacht die eigenen vier Wände zum Büro geworden. Küchentische wurden zum Arbeitstisch umgewandelt, Meetings online abgehalten und Aufgaben virtuell zugeteilt. Große Unternehmen wie Bosch, adidas, Beiersdorf oder die Deutsche Bank haben es relativ rasch vorgemacht, andere Unternehmen zogen schnell nach. Das im deutschsprachigen Raum bis dahin oft noch recht stiefmütterlich behandelte Thema der Fernarbeit rückte damit inmitten der größten Krise der Nachkriegszeit in den Mittelpunkt der Gesellschaft und forderte Unternehmer, Führungskräfte und Mitarbeiter zunächst einmal gewaltig heraus.

Allerdings sprechen gute Gründe für die mit dieser Herausforderung einhergehende Chance. Sie lohnt es sich nun im nächsten Schritt genauer zu betrachten.

ACHT GUTE GRÜNDE FÜR DAS „FÜHREN AUS DER FERNE“

“I've got this nice home office. And — at the end of the day, I can come home, even if I've got more work to do, I can have dinner with them. I can help them with their homework. I can tuck them in. If I've gotta go back to the office, I can.“

Barack Obama

Einer Studie von Deloitte aus dem Jahre 2017 zufolge zählt Remote-Leadership, also die dezentrale Mitarbeiterführung, zu den bedeutsamsten Faktoren im Recruiting von erfolgreichen Unternehmen. Die Arbeitswelt wird in großen Schritten dynamischer, die Koordination von Teams zunehmend agiler und mit dieser Veränderung einher geht auch die veränderte Arbeitsweise der Teams.

In aller Kürze möchte ich Ihnen nun acht gute Gründe liefern, bei denen das Leadership aus dem Homeoffice im Vergleich zum klassischen Führen mit der traditionellen Büropräsenz besser abschneidet. Diese Auflistung hat nicht den Anspruch auf Vollständigkeit und wird im Laufe des Buchs noch durch viele weitere Erkenntnisse ergänzt. Dennoch soll es Ihnen helfen einen ersten positiven Blick auf die Vorzüge des Remote-Arbeitens zu erhalten und meine Begeisterung für das Thema besser einordnen zu können.

Vorteil #1:
Deutliche Kostenreduktion

Dieser Vorteil klingt gewiss auf Anhieb einleuchtend: Wenn ich als Unternehmen kein Büro für meine Mitarbeiter anmieten muss, spare ich mir offensichtlich eine Stange Geld. Neben den Büroräumlichkeiten fallen auch die Kosten für den Drucker, die Telefonanlage, die Kaffeemaschine, die Mitarbeiterparkplätze und die gesunden Snacks flach. Alle diese Kosten summieren sich einer Studie von PGi aus dem Jahr 2019 zufolge auf jährlich rund 10.000 USD pro Vollzeitbeschäftigtem. Bei Remote-Teams werden diese Kosten in der Regel von den Mitarbeitern selbst getragen oder mit einer kleinen Entschädigung vom Arbeitgeber abgegolten.

Remote-Teams treffen sich meist in regelmäßigen Zeitintervallen zu kleineren oder größeren „Offsite-Events", wofür logischerweise Zusatzkosten entstehen. Das Team verbringt beispielsweise eine Woche an einem gemeinsamen Ort, arbeitet dort miteinander und verbringt die Freizeit mit teamfördernden Aktivitäten. Die Kosten für solche Treffen übersteigen in den seltensten Fällen die zuvor zitierten 10.000 USD pro Person und können je nach Belieben sehr schmal oder auch großzügig gehalten werden. In Summe verschlanken sich die Unternehmensausgaben mit einem Remote-Team in der Regel sehr deutlich.

Wer also vollständig remote arbeitet, beschert seinem Arbeitgeber eine satte Kostenersparnis. Und auch wenn der Strom, das Wasser, die Heizkosten, der Kaffee, die Getränke und das Obst im Homeoffice vom Arbeitnehmer selbst getragen werden, stellt sich in der Regel dennoch auch für ihn ein deutliches Plus heraus. Die geringeren Transportkosten und die meist niedrigeren Verpflegungskosten aufgrund der fehlenden Restaurantbesuche machen sich meist positiv in der Geldbörse bemerkbar.

Vorteil #2:
Anheuern von Toptalenten

Ein weiterer Grund, der für das Remote-Arbeiten spricht, ist die Verfügbarkeiten von qualifizierten Mitarbeitern aus dem ganzen Land oder gar der ganzen Welt. Während die Arbeitsstelle zu früheren Zeiten in nicht unwesentlichen Teilen von der Postleitzahl des Wohnsitzes abhängig war, ändert sich dies mit der Einführung von Telearbeit schlagartig. Auf einmal endet das Einzugsgebiet für potenzielle Kandidaten einer ausgeschriebenen Stelle nicht mehr an der Orts- oder Landesgrenze, sondern es wird theoretisch jedem weltweit die Option angeboten sich für eine spezifische Stelle zu bewerben.

Unternehmen mit Sitz im Silicon Valley konkurrieren als Arbeitgeber mit großer Konkurrenz um die besten Fachleute im Tal vor San Francisco. Entscheidet sich solch ein Unternehmen für ein dezentral geführtes, digital kommunizierendes Team, so vergrößert sich der

Einzugsbereich der zukünftigen Mitarbeiter und mit ihm die Chance das geeignete Personal zu einem fairen Gehalt zu finden. Im Gegenzug dazu kann es in kleinen Orten oder Städten schwer fallen geeignetes Fachpersonal zu finden. Wird in solchen Fällen jedoch auf ein Remote-Team gesetzt, vergrößert sich das Einzugsgebiet und die damit einhergehende Chance Topmitarbeiter zu finden ebenso.

Ein Remote-Team aufzubauen bietet einem Unternehmen größere Chancen, die besten Angestellten aus der ganzen Welt für sich zu gewinnen und mit ihnen gemeinsam ein erfolgreiches Unternehmen aufzubauen. Für die Angestellten hingegen bietet sich damit die Chance mehr Freiheit und Selbstverwirklichung zu erleben.

Können Unternehmen ihren Mitarbeitern diesen Faktor bieten, so steigen sie einer Studie zufolge bei über 70% der Mitarbeiter mit einem besseren Image aus. Die Folge davon ist eine größere Wahrscheinlichkeit dieses Unternehmen als Arbeitgeber in Betracht zu ziehen.

„Remote-Teams haben bei der Einstellung fast einen unfairen Vorteil. Ich spreche regelmäßig mit Teams in San Francisco, die Kandidaten verlieren, weil andere Unternehmen die Möglichkeit bieten, von jedem Ort aus zu arbeiten."

Andreas Klinger, AngelList

Vorteil #3:
Gestärkte Mitarbeiterloyalität

In der Regel honorieren Angestellte die Option zum ortsunabhängigen Arbeiten sehr stark. Sie wissen diese Freiheit zu schätzen, gehen mit diesem Vertrauensvorschuss sorgsam um und arbeiten deshalb in der Regel motivierter, um eben diesen „Vorteil des Homeoffice" nicht zu verspielen. Für das Unternehmen bedeutet dies nicht nur motivierte Mitarbeiter, sondern auch eine erhöhte Mitarbeiterloyalität. Eine Umfrage des amerikanischen Unternehmens Miros unterstreicht diese Schlussfolgerung mit einer passenden Studie. Ihr zufolge führen flexible Arbeitszeiten in Kombination mit der Option zum Homeoffice zu 10% mehr Mitarbeiterloyalität und sogar zu 91% mehr Mitarbeiterzufriedenheit.

Vorteil #4:
Diversität als Wettbewerbsvorteil

Die mit Remote-Work einhergehende Option, die besten Mitarbeiter aus verschiedensten Ländern einzustellen und deren Diversität als Vorteil zu sehen, ist ein weiteres, starkes Argument für das ortsunabhängige Team. Diversität im Team kann einer McKinsey-Studie zufolge ein ungemeiner Wettbewerbsvorteil für ein Unternehmen sein. Die Studie hat über 300 börsennotierten Unternehmen untersucht und ihre Diversität im obersten Viertel der Führungsriege analysiert. Das Ergebnis lässt aufhorchen: All jene Unternehmen, die mit einer ethnischen Vielfalt im Management leben, haben eine 35% höhere Wahrscheinlichkeit positive, finanzielle Renditen zu erzielen. Bei Unternehmen mit einer geschlechterspezifischen Vielfalt im obersten Viertel der Belegschaft liegt die Chance auf eine bessere Rendite um 15% höher als dies im Branchendurchschnitt der Fall ist.

Remote-Work eröffnet demnach nicht nur die Möglichkeit grenzübergreifend die passenden Köpfe einzustellen, sondern aus ihrer Vielfalt und mitgebrachten Diversität zusätzlich zu profitieren.

Vorteil #5:
Gelebte Nachhaltigkeit

Die Komponente der Nachhaltigkeit scheint auf den ersten Blick nicht zu den relevantesten Treibern der Telearbeit zu zählen. Beim genaueren Blick darauf wird jedoch schnell klar, dass sich der Trend des Homeoffice aus zwei wesentlichen Gründen gut mit der Umwelt, der Nachhaltigkeit und dem allgemeinen, ökologischen Einklang versteht. Sowohl Kunden als auch Mitarbeiter schenken dem Thema vermehrt Bedeutung und wählen bewusst Unternehmen aus, die mit ihren Werten und Visionen übereinstimmen. Einer Nielsen-Studie zufolge greifen 55% der Onlinekunden aus über 60 untersuchten Ländern eher zu einem teureren Produkt, sofern es sozial und ökologisch nachhaltig ist und damit besser mit den eigenen Werten übereinstimmt. Der zweite, nicht minder wichtige Punkt, der aus Nachhaltigkeitssicht ebenso für das Remote-Arbeiten spricht, ist der deutlich reduzierte Energieverbrauch von Personen im Homeoffice. Aufgrund des fehlenden Pendelns konsumieren Remote-Arbeitende

deutlich weniger Benzin, stehen weniger in Staus und verursachen demnach weniger Abgase und Feinstaub.
Eine feine Ausnahme sei an dieser Stelle erwähnt. Wird beim Remote-Work das Dauerreisen mancher digitalen Nomaden als Maßstab hergenommen, so geht diese Rechnung definitiv nicht auf. Im Wochentakt den Wohn- und Arbeitsplatz zu verlegen und von einem exotischen Land ins nächste zu hüpfen, hinterlässt einen größeren ökologischen Fußabdruck wie es Pendler auf dem Weg ins Büro tun – dies gilt es in dieser Diskussion selbstverständlich zu berücksichtigen. Dennoch lassen sich auch unter den digitalen Nomaden bereits Gruppierungen wie die „Slow Mads“ finden. Es sind dies Nomaden, die bewusst langsam und damit umweltschonend reisen und trotz ihres Nomadenlebens die Nachhaltigkeit verfolgen.

Vorteil #6:
Förderung von Gesundheit & Work-Life-Balance

Belgische Forscher fanden heraus, dass mit steigendem Anfahrtsweg zur Arbeit die Mitarbeiter unglücklicher sind. Pendeln stresst den Großteil der Mitarbeiter und kostet sie jede Menge Zeit und Nerven. Je länger der tägliche Pendlerweg, umso unzufriedener sind die Personen mit ihrem Leben. Durch den Wegfall des Fahrtwegs gewinnen Angestellte im Homeoffice nun Zeit und können theoretisch ihre Work-Life-Balance besser optimieren. Vorsicht ist jedoch angebracht, wenn die neugewonnene Zeit mit zusätzlicher Arbeit ersetzt wird und das Arbeitslevel bzw. der Stresspegel damit zusätzlich ansteigen.

In der Praxis erzählen viele Anhänger der ortsunabhängigen Arbeit, dass Ihnen Kleinigkeiten wie 10 Minuten Yoga in der Vormittagspause oder ein Powernap zu Mittag oder eine Kaffeepause mit einem Familienmitglied auf dem Sonnenbalkon wesentlich mehr Zufriedenheit, Gesundheit und Ausgeglichenheit schenken. Remote-Work kann demnach, vorausgesetzt es wird richtig eingesetzt, ein Segen für das Wohlbefinden der Angestellten sein.

Vorteil #7:
Gesteigerte Produktivität & Konzentration

Gesunde, zufriedene Mitarbeiter führen in der Regel zu einer gesteigerten Produktivität. Doch die Zufriedenheit der Mitarbeiter ist nicht der einzige Grund für eine möglicherweise höhere Produktivität von Remote-Arbeitenden. Die Aussage „Im Homeoffice lässt es sich konzentrierter arbeiten" dürfte ihnen bestimmt auch schon zu Ohren gekommen sein. Wissenschaftler haben diesbezüglich nachgewiesen, dass Ablenkung durch laute Kollegen oder Lärm im Großraumbüro das konzentrierte Arbeiten im Büro oftmals verhindern. Diese These bestätigt sich noch in einem anderen Kontext. Wann auch immer Büroangestellte davon reden, wichtige Dinge konzentriert und in einer Phase des „Deep Works" voranbringen zu wollen, passiert dies meist besonders früh am Morgen oder spät abends: „Bevor alle anderen kommen und der Bürolärm steigt, nutze ich die Ruhe in der Früh und arbeite die wichtigsten Dinge bereits ab." Gegenteiliges trifft auf einige Angestellte zu, die abends noch freiwillig einige Arbeitsstunden dranhängen, um ungestört an einer wichtigen Präsentation zu arbeiten oder das anstehende Reporting konzentriert zu Ende schreiben zu können.

Diese Erkenntnisse sprechen für die Kraft der Ruhe, wenn es um produktives und konzentriertes Arbeiten geht. Zuhause gibt es nachweislich weniger Störquellen und Lärmbelästigung als im Büro, oder präziser formuliert: Remote-Worker haben wenigstens totale Kontrolle über ihre Störquellen. Fernseher und Radio können ein- und ausgeschaltet, Fenster geöffnet und geschlossen werden – ganz so, wie man es gerne hätte und es zur aktuellen Arbeitssituation passt. Diese Rückversicherung fehlt in der Regel am Arbeitsplatz, sofern man dort nicht in der glücklichen Position ist ein Einzelbüro inne zu haben. Quatschende Kollegen, blinkende Drucker, klingelnde Telefone, Pieps- und Klingeltöne an jeder Ecke – das alles ist nur schwer zu beeinflussen und kann den Konzentrationsfluss enorm beeinträchtigen.

Vorteil #8:
Flexibilität führt zu mehr Familienfreundlichkeit

Dieser Aspekt mag Ihnen vielleicht schon länger auf der Zunge gelegen sein: Wie verhält sich das Homeoffice mit der Familienfreundlichkeit? Immerhin fällt der hochgelobte Ruhefaktor im Homeoffice vielleicht flach, wenn drei Kinder im Schulalter zuerst unterhalten und inmitten der COVID-19-Pandemie noch mit Homeschooling unterrichtet werden wollen. Dieser Aspekt ist nicht zu unterschätzen und fordert viel Energie, Aufmerksamkeit und Zeit von den Eltern. Mit flexiblen Arbeitszeiten, klaren

Familienstrukturen und einer aufgeteilten Arbeits- und Kinderbetreuungspflicht bieten sich hier dennoch Lösungsoptionen an. Wer zu Hause konzentriert arbeiten muss, sollte Berufliches und Privates möglichst klar trennen und sich ungestörte Arbeitszeiten ohne Kinderbetreuungspflicht oder verpflichtende Hundespaziergänge freihalten – nur dann kann das Arbeiten im Homeoffice langfristig erfolgreich sein und nicht zu einem zusätzlichen Belastungstest werden.

Remote-Work bietet jedoch auch die große Chance die familiäre Infrastruktur wesentlich flexibler betreuen zu können. Wenn Kinder kurz zur Spielgruppe gefahren werden müssen, dann kann dies in einer Pause durchaus schnell erledigt werden. In der Mittagspause den Kühlschrank aufzufüllen und kurz einkaufen zu gehen, ist ebenso bequem möglich. Die Oma kurz anzurufen und sich nach ihrem Befinden zu erkundigen, fällt aus dem Homeoffice wahrscheinlich auch leichter wie aus dem Großraumbüro.

Zusammengefasst lassen sich die Vorteile des Remote-Works am besten mit einer Studie des Software-Unternehmens GITLAB festhalten. Das amerikanische Unternehmen hat im März 2020 eine recht umfangreiche Analyse zu den Vorteilen der ortsunabhängigen Arbeit publiziert, bei dem die Vorzüge des Homeoffice sehr deutlich werden. 52% der Befragten sehen die flexible Zeiteinteilung als größten Vorteil, gefolgt von 38%, die das fehlende Pendeln als wichtigsten Pluspunkt nennen. Fast gleichauf wird der Faktor der Kostenreduktion und der

Aspekt des „Sich jederzeit um seine Familie, Haustierte & pflegebedürftige Angehörigen kümmern zu können" erwähnt (jeweils 34 %). Die mit dem Homeoffice einhergehende Stressreduktion (32 %) rundet mit einer verbesserten Gesundheit (26 %) und der Freiheit zu Reisen bzw. sich am Ort seiner Wahl niederzulassen (22 %) die Vorteile für die Remote-Arbeitenden sehr treffend ab.

DAS HOMEOFFICE LÖST VIELE PROBLEME, SCHAFFT ABER AUCH NEUE

"I can roll out of bed at 8:30 and get straight to work without dealing with rush-hour commuters on a tube."

Kim Hutchinson, DevOpsGroup

Damit wir ein möglichst realistisches Bild vom Remote-Arbeiten erhalten, schauen wir uns an dieser Stelle nun die möglichen Schattenseiten dieser Arbeitsweise an. Immerhin tun sich viele Mitarbeiter, die in Zeiten der Corona-Krise schlagartig ins Homeoffice wechseln mussten, schwer die überschwänglichen Vorzüge zu unterstreichen. Für sie ist das Homeoffice kein Angebot, sondern ein Zwang.

Wer generell ungern allein arbeitet, der wird bei einigen vorhin genannten Vorteilen vermutlich sogar den Kopf schütteln. Remote-Work ist eben sehr stark von den Individuen, ihren Vorlieben und eigenen Präferenzen abhängig. Aus diesem Grund ist eine Arbeitssituation im Homeoffice theoretisch für einen Großteil aller Büroangestellten weltweit möglich, in der Praxis wird es jedoch nicht von allen erwünscht.

Möglicher Nachteil #1:
Drohende Einsamkeit und soziale Isolation

Das Spiel am Kickertisch, Klatsch und Tratsch über Kollegen, das gemeinsame Feierabendbier – vorbei! Remote-Work kann sich auf den ersten Blick als totale, soziale Isolation entpuppen. Die Folgen davon können verheerend sein. Mediziner und Psychologen zufolge haben einsame Personen wesentlich häufiger einen hohen Blutdruck, kämpfen mit einem schwächeren Immunsystem und leiden häufiger unter Schlafstörungen. Möglicherweise verringert Einsamkeit sogar die Hirnaktivität – auch das sind alles andere als „Good News" für das Remote-Arbeiten. Doch, und das ist nun die gute Nachricht in all den Horrorszenarien, soziale Isolation ist im Homeoffice kein unvermeidbares Naturgesetz. Immerhin können sich Remote-Worker auch nach Feierabend mit Freunden in der Kneipe, zum Sport oder ins Kino verabreden und haben oftmals Familienmitgliedern, die ein ähnliches Arbeitskonzept verfolgen und mit denen sie ihre Pausen gemeinsam verbringen können.

Möglicher Nachteil #2:
Frage des Typs und Selbstmanagements

Für das Arbeiten von zu Hause aus ist in der Regel ein hohes Maß an Selbstdisziplin erforderlich. Es fehlt zunächst der gewohnte, äußere Rahmen, den wir mit dem Arbeiten verbinden. Oftmals ist das jedoch gar nicht die größte Hürde, vielmehr gilt es den inneren Schweinehund zu besiegen und die Pause auf dem sonnigen Balkon nicht unnötig in die Länge zu ziehen.

Für diesen Aspekt ist es wichtig zu wissen, dass es zweierlei Typen von Menschen gibt. Einmal gibt es diejenigen, die Stille zu schätzen wissen und sich nach ihr sehnen. Sie bleiben lieber für sich, arbeiten alleine viel konzentrierter und schaffen in vier, was andere in acht Stunden schaffen. Und dann gibt es diejenigen, die immer etwas Hektik und ein Grundrauschen in der Nähe brauchen, um sich zu motivieren und produktiv zu sein. Es ist vor allem die Energie um sie herum, die ihre Leistungsfähigkeit beflügelt. Je nachdem, zu welchem Typ man sich selbst zählt, ist Homeoffice der ideale Arbeitsplatz (oder eben nicht).

Möglicher Nachteil #3:
Stockender Informationsfluss

Die nächste Schattenseite muss nicht ausschließlich auf Remote-Worker zutreffen, theoretisch kann sie genauso gut im Büro stattfinden. Doch die Gefahr als Remote-Worker vom Informationsfluss abgeschnitten zu sein, ist realistischerweise etwas größer. Nicht alle relevanten Informationen zu erhalten oder Änderungen an den Projektabstimmungen nur zufällig zu erfahren, können gravierende Schattenseiten eines Remote-Teams sein. Nicht umsonst werden Mitarbeiter im Bürokomplex immer noch über den Flurfunk oder den Klatsch in der Kaffeeküche am besten mit den neuesten Informationen versorgt.

Die gute Nachricht an dieser Stelle ist nun allerdings: Mit einem klug durchdachten und für das Team passenden Kommunikationsmix – ob das nun Tools wie Skype, Zoom, Slack oder WhatsApp inkludiert – kann der

Informationsfluss technisch gesehen ohne großen Aufwand sichergestellt werden. Auf diese Art können Kommunikationsdefizite von vornherein begrenzt und die digitale Zusammenarbeit ohne Abstriche gelebt werden.

Möglicher Nachteil #4:
Fehlende Anerkennung aufgrund der „Unsichtbarkeit“

Dieser Faktor ist auf den ersten Blick für den einen oder anderen zunächst wenig einleuchtend, und dennoch kann er einer amerikanischen Studie zufolge einen sehr großen Unterschied machen: Wer nicht physisch anwesend ist, hat es schwerer, dem Chef zu imponieren und Lob oder Anerkennung für seine geleistete Arbeit zu erhalten. Stanford-Wissenschaftler haben diese Vermutung vor einigen Monaten mit einer spannenden Studie untermauert. Heimarbeiter bekommen ihnen zufolge viel seltener Gehaltserhöhungen und werden weniger befördert als Büroarbeiter – und das, obwohl ihre Leistungen oft nachweisbar besser sind. Eine andere Studie wirft diesbezüglich noch einen weiteren, recht spannenden Aspekt auf. Der Forscher Nicolas Bloom und sein Team haben 500 Angestellte einer Reiseagentur in ihren jeweiligen Arbeitsumgebungen beobachtet und deren Befinden genau unter die Lupe genommen. Die Hälfte der Angestellten hat dabei remote gearbeitet, die andere Hälfte im gewohnten Arbeitsumfeld, sprich im Büro.

Das Ergebnis der Forschung lässt nun aufhorchen: Während pro Mitarbeiter im Jahr rund 2.000 US-Dollar an

Bürokosten gespart wurden, haben die Mitarbeiter im Homeoffice noch dazu um 13% effizienter gearbeitet, wesentlich kürzere Pausen gemacht und waren über den gesamten Zeitraum hinweg weniger krank. Das wirklich überraschende Ergebnis an der Studie war jedoch, und damit knüpfe ich wieder an den vorigen Gedankengang an, dass Mitarbeiter und ihre Leistungen oft im Homeoffice nicht gesehen wurden und ein Großteil der Homeoffice-Angestellten aus diesem Grund nach der Studie wieder freiwillig ins Büro zurückwollten.

Die räumliche Abwesenheit und das schlagartige Verschwinden aus dem Blickfeld der Vorgesetzten hatte demzufolge weitreichende Folgen. Mitarbeiter bekommen in der Regel weniger Anerkennung und werden bei Beförderungen oder Gehaltserhöhungen oftmals übergangen. Dieser Aspekt ist für viele, um nicht zu sagen die meisten Angestellten ein wesentlicher Bestandteil von Zufriedenheit bei der Arbeit. Fällt er weg (oder fällt er zu gering aus), kann das die Vorzüge des Homeoffices schnell in den Schatten stellen.

Möglicher Nachteil #5: Erhöhtes Arbeitspensum

Diese Tatsache ist wohl schon lange kein Geheimnis mehr: Wer remote arbeitet, arbeitet in der Regel mehr. Baseler Wissenschaftler errechneten die Anzahl an Stunden, die Heimarbeiter mehr arbeiteten als ihre Kollegen im Büro: Es sind durchschnittlich sechs Stunden pro Woche! Mit dieser Erkenntnis kommt die zuvor bereits hochgelobte Work-

Life-Balance ziemlich schnell ins Wanken. Eigentlich soll Remote-Work das genaue Gegenteil bewirken, zeitliche Ressourcen freilegen und damit für eine gesündere Arbeitsbalance sorgen. In der Praxis ist jedoch eben oftmals Gegenteiliges der Fall, und dieser Tatsache muss bewusst entgegengehalten werden. Problematisch wird es darüber hinaus, wenn ganz normale To-dos aus dem Sichtfeld verschwinden und nicht klar ist, warum der Kollege das vereinbarte Arbeitspaket noch immer nicht fertiggestellt hat. Im Büro wird schnell klar, dass er den ganzen Tag von einem Meeting in das nächste gejagt wird und die Telefongespräche bei ihm scheinbar kein Ende nehmen wollen. Doch im Homeoffice bleiben diese Einsichten oftmals verborgen und am Ende des Tages kann die Frage „Warum hast du das noch nicht fertiggestellt?“ schon einmal aus Neugierde, aber auch als Vorwurf gestellt werden.

Möglicher Nachteil #6: Erhöhtes Konfliktpotenzial

Jeder kennt es von privaten Gesprächen in WhatsApp- oder Facebook-Gruppen. Eine salopp formulierte Nachricht oder ein langes Schweigen an einer ungünstigen Stelle können sich schnell negativ auf die Kommunikation auswirken. Dieser Aspekt birgt gewiss ein bestimmtes Risikopotenzial, das bei persönlichen Gesprächen zunächst wegfällt. Vielleicht antwortet der Kollege gerade an einem heiklen Diskussionspunkt nicht, da sein Telefon klingelt. An dieser Stelle jedoch zu vermuten, dass er meinen Vorschlag unpassend findet und sich deshalb nicht mehr meldet, klingt zunächst übertrieben, ist jedoch gelebte Praxis in den meisten digitalen Kommunikationsformen.

Ein solches Missverständnis kann wie folgt entstehen:

Mitarbeiter 1:
„Leider geht sich das Fertigstellen der Präsentation heute nicht mehr aus."
Mitarbeiter 2:
„Wieso denn nicht? Du hattest doch den ganzen Tag dafür Zeit."

Mitarbeiter 1:
„Es kam den ganzen Tag etwas dazwischen."
Mitarbeiter 2: [reagiert nicht]

Mitarbeiter 1:
„Eigentlich wollte ich nur nach einer neuen Deadline fragen, geht das?"
Mitarbeiter 2:
„Was kam denn dazwischen? Und wieso meldest du dich erst jetzt?"

Mitarbeiter 1:
„Dies, das, Ananas. Wenn ich mich jedes Mal melden sollte, wenn etwas dazwischenkommt, bin ich nur mehr auf Slack."
Mitarbeiter 2:
„Das sollten wir meiner Meinung einmal mit unserem Chef besprechen."

Mitarbeiter 1: [schweigt]
Mitarbeiter 2: [schweigt]

In diesem Gespräch lauert mehr als nur eine Stelle, die ein erhöhtes Konfliktpotenzial birgt. Obwohl keiner der beiden Mitarbeiter es böse mit dem anderen meint, können sich beide missverstanden und unfair behandelt fühlen – eine Schattenseite, die jedoch auch im Büro bei schriftlicher Kommunikation durchaus so passieren kann. Diese Problematik ist demnach nicht spezifisch mit dem Homeoffice verbunden. Die Chance beim Remote-Arbeiten öfter in solch eine „schriftliche Konfliktfalle" zu tappen ist jedoch gewiss größer.

VEREINT REMOTE-WORK DAS BESTE AUS ZWEI WELTEN?

“Without question, I’m more productive when I’m working at home – at least when it comes to tasks that require almost no collaboration. Focus is best achieved when I’m isolated, and at work I’m constantly interrupted. Often for work-related stuff, which is fine, but I’m also dran into conversations about non-work-related topics.”

Abraham Heward, Carvana

Das Homeoffice ist gewiss nicht der ultimative Heilsbringer, mit dessen Hilfe jedes Unternehmen auf der Überholspur in den Erfolgshimmel katapultiert wird. Der Stressfaktor, der für einige Mitarbeiter beim Remote-Arbeite wegfällt, kann dafür gut und gerne an einer anderen Stelle auftauchen. Das Risiko seine Mitarbeiter mit mangelnder Struktur im Ungewissen stehen zu lassen, ist im Homeoffice durchaus real. Und dennoch bringt es Chancen mit sich, von denen alle Beteiligen weit über die Corona-Krise hinaus profitieren können.

Remote-Work verlangt von allen Teammitgliedern ein stetiges Reflektieren und Adaptieren der aktuellen Situation.

Ist der vereinbarte Workflow noch für alle sinnvoll, oder soll das Team aufgrund der jüngsten Erfahrungen besser eine kleine Änderung vornehmen? Wie funktioniert die Kommunikation bei den einzelnen Teammitgliedern? Sind alle mit genügend Informationen versorgt? Haben die Mitarbeiter genügend Zeit für produktives Arbeiten und hüpfen nicht nur von einem Call in den nächsten?

Die Bereitschaft zum stetigen Lernen in Sachen Kommunikation, Workflow und Konfliktmanagement muss definitiv von allen Mitwirkenden gegeben sein. Dieser Lernprozess sollte jedoch auch bei der Präsenzarbeit im Büro nie völlig abhandenkommen. Immerhin verschwimmt der Anteil an virtueller Teamkommunikation im Verhältnis zur persönlichen Kommunikation auch im Büro immer mehr. Denn auch dort findet ein Großteil des Austauschs in digitaler Form statt – Email, Messenger, Videokonferenzen mit externen Partnern, Projektmanagement-Software und ERP-Systeme bilden auch im Büroalltag einen Großteil der Kommunikation ab.

Ehrlicherweise muss in dieser Diskussion auch dezidiert erwähnt werden, dass Remote-Arbeiten ohne die heutige Technologie gar nicht in diesem Umfang zur Diskussion stehen würde. Denn nur mit diesen bahnbrechenden Fortschritten ist ein erfolgreiches Homeoffice überhaupt denkbar. Ohne die Fortschritte des Breitband-Internets, von Cloud-Computing-Telefonplänen, Messenger-Systemen, webbasierter Projektmanagement-Software oder Apps, mit denen Designs online erstellt, miteinander geteilt und sogar gemeinsam erarbeitet werden können, wäre der

Erfolg von Remote-Work wohl sehr begrenzt – um nicht zu sagen, unmöglich.

Von vielen Unternehmen wird Remote-Work noch immer als Herausforderung angesehen, die sie irgendwie bewältigen müssen. Andere Teams hingegen funktionieren auf die Distanz besser denn je und übertrumpfen damit die gesamte Erwartungshaltung des Managements. Der Unterschied zwischen den beiden Gruppen ist nicht leicht an ein paar Faktoren festzumachen, oftmals sind es feine Nuancen, die über den Erfolg oder Misserfolg des Teams entscheiden. Die zuvor zitierte Lern- und Reflektionbereitschaft und eine ausgeklügelte Strategie sind gewiss zwei Aspekte, die alle erfolgreichen Remote-Teams eint.

Bevor wir im nächsten Kapitel in die Tiefen der Strategieerstellung eintauchen, möchte ich Ihnen noch gerne zwei Best-Practice-Beispiele mit auf den Weg geben.

Beide Unternehmen sind erfolgreiche Tech-Companies mit Sitz in den USA und verfügen über eine sehr dynamische Produkt- und Unternehmensentwicklung. Sie eint die Tatsache, dass sie vollständig remote arbeiten und kein physisches Büro für ihre Mitarbeiter bereitstellen. Während Automattic, das Unternehmen hinter der bekannten Plattform Wordpress, im Jahr 2017 ihr Büro im Silicon Valley schloss, ging das Unternehmen Zapier von „Tag 1" ihrer Gründung einen vollständig dezentralen Weg. Die Erfolge geben beiden Unternehmen bis dato recht. Sie haben mit ihren Remote-Teams nicht nur den Zeitgeist getroffen, sondern haben sich trotz oder gerade wegen der Remote-Work zu zwei wettbewerbsfähigen Tech-Unternehmen entwickelt.

Best-Practice: Automattic (Wordpress)

Das hinter einem der beliebtesten Content-Managment-Systeme der Welt stehende Unternehmen Automattic ist nur wenigen bekannt. Wird jedoch vom CMS-System Wordpress gesprochen, nickt ein Großteil der Personen, wissend, von wem die Rede ist. In diesem besagten Tech-Unternehmen arbeiten aktuell über 1.800 Mitarbeiter, und das zu 100% remote. Seit 15 Jahren zählt das Arbeiten von zu Hause, dem Coworking Space oder dem Lieblingscafé zur gelebten Unternehmenskultur von Automattic, doch im Jahr 2017 wagten sie es noch einen Schritt weiter zu gehen. Das Softwareunternehmen schloss seinen Hauptsitz in San Francisco - die Büros seien zu oft leer gestanden und die Mitarbeiter hätten die Möglichkeit der Büropräsenz nur mehr selten genutzt. Das Schließen des Headquarters sei nur eine logische Konsequenz davon gewesen, so ihr Co-Founder Matt Mullenweg

Anstelle von Büros bietet Automattic nun seinen Mitarbeitern einen monatlichen Zuschuss über 250 US-Dollar an. Diesen Betrag können sie wahlweise für das Bezahlen eines Coworking Spaces oder den Kaffee im Starbucks ausgeben. Für Matt Mullenweg, der übrigens für das doppelte „T" im Namen von Automattic verantwortlich ist, ist die Möglichkeiten zum Remote-Arbeiten neben der wirtschaftlichen Frage auch eine Frage der Inklusion und Ethik. Im Büro können immer nur jene Personen integriert werden, die zu einer bestimmten Tageszeit anwesend sein können. Wenn eine alleinerziehende Mutter jedoch vorwiegend in der Früh oder spät abends ihre Arbeitsleistung vollbringt, wird sie im Konzept der Büropräsenz ausgeschlossen. Beim Remote-Arbeiten sieht er darüber hinaus die Chance Arbeitsabläufe und Workflows asynchron zu gestalten und jedem Mitarbeiter seinen eigenen Arbeitsrhythmus zu erlauben. Das birgt Mullenweg zufolge die Chance über Zeitzonen hinweg mit einem Team erfolgreich zusammenzuarbeiten und den Mitarbeitern maximale Flexibilität und Freiheit zu gewähren.

Die Herausforderung, aufgrund der räumlichen Distanz trotzdem ein Teamgefühl aufrecht zu erhalten, versucht die CEO von Wordpress, Josepha Haden, mit dem Vorleben einer starken Remote-Kultur abzufangen. Ihr zufolge sind Rituale und Routinen bei virtuellen Teams besonders wichtig. Sie begrüßt beispielsweise jeden Morgen erst ihr Team, bevor sie mit der Arbeit startet. Abends verabschiedet sie sich ebenfalls noch bewusst von ihren Mitarbeitern, bevor sie in den Feierabend geht. Das tägliche Standup-Meeting mit ihrem Team zählt ebenfalls zu ihren unverzichtbaren Routinen, genauso wie der wöchentliche Vieraugen-Call mit all ihren C-Führungskräften. Als Managerin bekommt sie dabei einen regelmäßigen Fortschritt mit und kann mit den einzelnen Mitarbeitern bei Bedarf Folgebesprechungen vereinbaren, sofern ihr Unstimmigkeiten auffallen.

Best-Practice: Zapier

Zapier unterscheidet sich von Automattic mit Blick auf den Remote-Work-Lifestyle in einem gravierenden Punkt. Das Softwareuntenehmen ist bereits seit der Gründung „fully remote“ und damit zu 100% ein dezentral geführtes Team. Zapier beschäftigt rund 300 Mitarbeiter in verschiedenen Zeitzonen dieser Welt und hatte nie eine Bürofläche für seine Mitarbeiter angemietet. Seit der Gründung setzen sie ausschließlich auf eine digitale Kommunikation und halten auch acht Jahre später noch immer felsenfest daran fest. Für das Gründerteam von Zapier bietet die Möglichkeit mit einem Remote-Team zu arbeiten die Chance, die besten Köpfe der Welt in ihr Team zu ziehen und den damit einhergehenden Wettbewerbsvorteil für ihre Automatisierungssoftware zu nutzen.

Der CEO, Wade Foster, gibt zwar durchaus zu: „Als Manager muss man bei dieser Art der Zusammenarbeit besonders auf die kleinen Feinheiten achten, um frühzeitig Unstimmigkeiten zu bemerken. Doch, in Summe ist das ganze keine Rocket Science.“ Auch die Sorge vieler Managerkollegen, beim virtuellen Zusammenarbeiten den Überblick zu verlieren und den Fortschritt bei den einzelnen Angestellten nicht permanent beobachten zu können, teilt Foster nicht.

Ihm zufolge liefern alle Mitarbeiter auf die eine oder andere Art Daten, Dokumente und Ergebnisse ab, anhand derer der einzelne und gesamte Fortschritt leicht gemessen werden kann. Beim Softwareentwickler sind das geschriebene Codezeilen, bei Mitarbeitern im Marketing wahrscheinlich Werbetexte oder umgesetzte Ads, bei Verkaufsmitarbeitern zeigen abgeschlossene Verkäufe und generierte Umsätze ein klares Bild über die Leistung und der Kundenservice kann die Anzahl an beantworteten Kundenanfragen vorzeigen.

Für Foster hat sich auch das gemeinsame Festlegen von Zielen zu einem wichtigen Aspekt im Remote-Management herauskristallisiert. Die meisten Manager bei Zapier besprechen jeden Montagmorgen die Wochenplanung mit ihrem Team und setzen individuelle und gemeinsame Ziele an. Am Freitag beurteilen sie dann den Fortschritt der vergangenen Woche und notieren sich wichtige Aufgaben für die nächste Besprechung am darauffolgenden Montag. Wenn neue Mitarbeiter zum Team stoßen, kommunizieren sie zunächst täglich mit der Führungskraft – solange, bis sie sich gut aufgehoben fühlen und die direkte Kommunikation mit dem Vorgesetzten reduziert werden kann. Zusätzlich praktiziert das Management von Zapier den wöchentlichen 1:1-Call mit seinen Kollegen, die auf dem gleichen Führungslevel sind. Und trotz dieser scheinbaren Fülle an Calls hat das Unternehmen, dem CEO zufolge, die Anzahl an Live-Calls auf ein Minimum reduzieren können.

PLANUNG IST DIE HALBE MIETE

„Meinen allerersten Aha-Moment hatte ich im Urlaub. Ich hatte ein wenig Arbeit zu erledigen, setzte mich im Hotelzimmer an den Schreibtisch und beantwortete die zwei dringenden E-Mails. Erst im Nachhinein ist mir aufgefallen: So produktiv habe ich schon lange nicht mehr gearbeitet, der Ort meines Arbeitens nimmt großen Einfluss auf meine Produktivität - und diese Entscheidung habe ich selbst in der Hand.“

Teo Härén, Kreativdirektor interesting.org

Mit dieser Erkenntnis steht Teo Härén heutzutage nicht mehr alleine da. Immer mehr Angestellte, Führungskräfte und Unternehmer erleben Aha-Momente dieser Art und entscheiden sich – sofern ihnen dies vom Arbeitgeber genehmigt wird – für teilweises oder vollständiges Remote-Arbeiten. Nun gilt es vor dem Start in den Remote-Work-Lifestyle einige Aspekte zu berücksichtigen, idealerweise Leitlinien zu verfassen und die gegenseitige Erwartungshaltungen aller Beteiligten abzustecken. Mit Hilfe einer guten Planung können Missverständnisse, Zielverfehlungen und Ineffizienzen von vornherein beseitigt werden und die Vorteilen des Homeoffices besser ausgeschöpft werden. Grund genug, auf den nächsten Seiten nun in die Welt der möglichen Leitfäden, Kommunikationsregeln und des damit einhergehenden Vertrauensaufbaus den Mitarbeitern gegenüber einzutauchen.

EIN LEITFADEN SCHAFFT KLARHEIT UND VERTRAUEN

Dieser Teil der Planung klingt zunächst anstrengend und zählt gewiss nicht zu den Lieblingsaufgaben von Führungskräften, Selbständigen, Unternehmern oder Gründern. Doch, einen Kommunikationsleitfaden zu verfassen trägt in wesentlichen Teilen dazu bei, ob das Experiment Homeoffice gelingen wird.

Idealerweise legt das gesamte Team die Leitlinien für das Arbeiten im Homeoffice gemeinsam fest. Auf diese Art wird sichergestellt, dass die einzelnen Mitglieder sich als Teil des großen Ganzen sehen, sich aktiv am Prozess beteiligen und mit Motivation die vereinbarten Regeln auch in der Praxis anwenden.

Neben Fragen zur Erreichbarkeit und Antwortzeiten sind allgemein gültige Kommunikations- und Besprechungsregeln in solch einem Leitfaden empfehlenswert. Klassische Dos und Don'ts zu formulieren, ist beim Erstellen eines Leitfadens ein guter Startschuss. Sich als Team bewusst zu überlegen, welche Dos in Form von verpflichtenden Tätigkeiten und welche Don'ts in Form von unerwünschtem Fehlverhalten in der täglichen Kommunikation existieren, tragen zu einem guten Gelingen bei. In der Praxis kann dies bedeuten, dass ein Messenger-Programm wie Slack für den Großteil der internen Kommunikation genutzt werden soll. Üblicherweise werden die Slack-Channels dann in sinnvolle Themenbereich, einzelne Teams oder mit konkreten Aufgabenstellungen aufgegliedert. Damit die einzelnen Mitarbeiter möglichst produktiv arbeiten können, sollten die Teammitglieder nur themenrelevante Inhalte in die einzelnen Kanäle schreiben und den Mitgliedern gegenüber Respekt zollen.

Zu den größten Don'ts könnte an dieser Stelle zählen: „Störe deine Kollegen nicht mit Irrelevantem!" Der Anspruch lautet hier eindeutig, den einzelnen Teammitgliedern eine möglichst produktive und fokussierte Arbeitszeit in den eigenen vier Wänden zu bieten. Dabei sind irrelevante Informationen über den Slack-Channel definitiv eine unerwünschte Angelegenheit, die es im

Kommunikationsleitfaden festzuhalten gilt.
Idealerweise findet das Überführen von Regeln, Verhaltensweisen und Workflows nicht nur von oben herab statt – sprich, die Führungskraft bestimmt nicht alleine, wie dies umzusetzen ist. Im Dialog diese Aspekte herauszufinden und gemeinsam zu definieren, ist für den langfristigen Erfolg von Vorteil. Für die Führungskraft kann dies zunächst bedeuten im Interview mit einzelnen Teammitgliedern oder bei einer gemeinsamen Teambesprechung herauszufinden, was den Mitarbeitern im Homeoffice besonders wichtig ist (z.B. möglichst ungestörtes Arbeiten). Ist dieser Ankerpunkt gesetzt, können daraus die bedeutsamsten Handlungsempfehlungen abgeleitet und in einem allgemein gültigen Leitfaden festgehalten werden.

7 Ideen für einen gelungenen Leitfaden

#1 Die verpflichtende Antwortzeit

Es klingt zunächst einleuchtend: Wer im Call oder einem Meeting sitzt, kann nicht zeitgleich auf eine E-Mail reagieren. Doch, warum antwortet der eine Kollege auch zwei Stunden nach dem Termin noch nicht? Im Büro würde ich wohl schnell zu ihm an den Schreibtisch treten und ihn bitten die dringende Email kurz zu prüfen. Im Homeoffice ist mir das auf diese Art und Weise jedoch nicht möglich. Aus diesem Grund sind Führungskräfte gut darin beraten, im Vorfeld über notwendige Antwortzeiten zu diskutieren und verbindliche Richtlinien einzufordern. Sollen Mitarbeiter alle zwei Stunden das E-Mail-Postfach prüfen und auf Fragen antworten? Oder reicht die Antwort am Anfang und Ende des Arbeitstags? Und wie verhält es sich mit Nachrichten im Messenger oder dem Rückrufen per Telefon? All das gehört kurz diskutiert, gut überlegt und dann für jeden nachvollziehbar knapp festgehalten.

#2 Die verbindliche Erreichbarkeit

Ähnlich verhält es sich mit der Erreichbarkeit des Teams. Ist gewünscht, dass das Team gemeinsam mit der Arbeit startet oder gibt es eine Kern- oder Gleitzeit für das gesamte Team? Sollen sich Mitglieder beim Kommen und Gehen an- bzw. abmelden, und wie wird die kurze Abwesenheit bei Kaffeepausen, Kundenterminen oder Meetings kommuniziert? Hierzu kann es beispielsweise reichen, wenn die Mitarbeiter sich kurz bei der Führungskraft melden, oder ihnen über Statusändern im Messenger einen Hinweis zukommen lassen. Vielleicht braucht es auch gar keinen Hinweis an die Führungskraft. Diese Information ist nicht zuletzt auch für die Kollegen von Relevanz, weshalb eine klare Definition im Kommunikationsleitfaden für alle wertvoll sein kann.

#3 Die empfohlenen Kommunikationskanäle

Die Frage nach den allgemeinen Regeln für die interne Kommunikation entscheidet oftmals über die Effizienz bzw. Ineffizienz des Homeoffices. Indem beispielsweise für spezielle Anlässe jeweils definierte Kommunikationskanäle vereinbart werden, kann ein Unterschied im angeschlagenen Ton eher herausgehört und damit ein Konflikt bereits im

Frühstadium abgefangen werden. In diesem Punkt soll beispielsweise dezidiert geregelt werden, wie Kritik übermittelt werden soll. Beispielsweise ist lösungsorientiert und unter vier Augen immer besser als vorwurfsvoll vor den Augen der gesamten Belegschaft. Sollen Gespräche vermehrt im Teamchat oder lieber in Einzelunterhaltungen geführt werden? Während ersteres den Vorteil mit sich bringt, dass andere Mitarbeiter ebenfalls von diesem für sie möglicherweise ebenso relevanten Thema erfahren, werden sie dadurch jedoch möglicherweise mit Irrelevantem gestört und unnötig abgelenkt. Es gibt kein richtig oder falsch in dieser Angelegenheit, hier ist es lediglich wichtig, die Bedürfnisse und Vorschläge der Mitarbeiter einzuholen, verbindliche Regeln einzuführen und diese bei aufkeimenden Unstimmigkeiten immer wieder nachzubessern.

#4 Das regelmäßige Meeting

Der tägliche Austausch in Form eines morgendlichen Standup-Meetings ist bei vielen erfolgreichen Teams gelebte Realität. Gerade im Homeoffice ist der tägliche Austausch besonders wichtig, insbesondere Video-Meetings für das gegenseitige Sehen der Kollegen sind dabei von Vorteil. Für diesen Zweck soll das Team gemeinsam mit der Führungskraft gut überlegen: Ab wieviel Personen macht ein Videocall Sinn, bis zu welcher Personenanzahl reichen Telefongespräche? Als Faustregel empfehlen Experten hier: Je mehr Menschen, desto eher sind Videocalls sinnvoll. In ihm können die Stimmen in Kombination mit dem empfangenen Bild besser zugeordnet werden und sind deshalb in der Regel zu bevorzugen. Neben dem morgendlichen Standup-Meeting führen einige Teams auch ein zusätzliches Abend-Meeting. Wieder andere Teams hören sich sogar zwischendurch noch einmal kurz nach der Lunchpause. Egal für welche Option Sie sich entscheiden, für Sie und Ihr Team sollte es sich stimmig anfühlen.

Und dann gibt es da noch eine kleine Angelegenheit, die es vorab zu klären gibt: Braucht es für das Meeting eine Agenda oder sogar ein Protokoll? Falls ja, wer schreibt es und wo wird es den Teammitgliedern zugänglich gestellt? All das sind Fragen, die idealerweise gemeinsam erörtert werden sollten, um die Erwartungshaltung aller Teammitglieder bestmöglich zu erfüllen.

#5 Die verfügbare Telefonliste

Sollte einmal schnell eine Information von einem konkreten Teamkollegen notwendig werden, führt wohl kein Weg an einem kurzen Telefonat vorbei. Für diesen Zweck hilft es eine eigene Telefonliste zur Verfügung zu stellen, die alle Nummern des Remote-Teams zentral und idealerweise auch passwortgeschützt bereithält. Die Bereitschaft seine eigene Telefonnummer in solch einer Liste eingetragen zu wissen, muss jedoch vorne weg von den einzelnen Teammitgliedern eingeholt werden.

Immerhin haben viele Angestellte kein offizielles Firmenhandy oder einen umgeleiteten Firmenanschluss und verwenden im Homeoffice oftmals ihre Privatnummer. Es kann auch durchaus der Fall sein, dass einzelne Kollegen die teaminterne Verwendung gutheißen, es jedoch nicht dulden, wenn Nummern an externe Partner außerhalb des Teams weitergeleitet werden. An dieser Stelle ist Fingerspitzengefühl notwendig, um den Spagat zwischen unkomplizierter Kommunikation und dem Schutz der Privatsphäre der einzelnen Teammitglieder zu schaffen.

#6 Die hilfreiche Kalendereinsicht

Einen Blick in den Kalender des Kollegen kann oftmals Verwirrung verhindern und manch kurze Rücksprache erübrigen. Die Freigabe eines gut gepflegten Kalenders ist meist ein Gewinn für alle beteiligten Personen und ein gut gemeinter Rat von vielen Remote-Work-Experten. Insbesondere für Meetings ist zu empfehlen, dass Mitglieder den Einladungen verpflichtend zu- oder absagen müssen, um einen reibungslosen Ablauf zu gewähren und Überschneidungen zu vermeiden. Ohne die Information über die anwesenden Personen lässt sich ein Meeting auch nur schwer planen. Auf der anderen Seite wird beim Blick in den Kalender eines Kollegen schnell klar, wieso er auf die dringende E-Mail noch nicht geantwortet hat. Steht im Kalender ein externer Termin mit einem Partner oder Kunden, ist das Rätsel über die ausbleibende Antwort schnell gelöst.

#7 Die notwendige Transparenz

Wenn das Whiteboard im Büro wegfällt, scheint sich zunächst die Zuteilung der einzelnen Arbeitsaufgaben in ein großes Kunststück zu verwandeln. Im Homeoffice nimmt jedoch die passende Projektmanagement-Software diesen Platz ein und bildet offene Aufgaben transparent und für jeden nachvollziehbar ab. Mit ihm lassen sich Ziele gut festhalten und Kontrollmöglichkeiten ergeben sich meist mit nur wenigen Klicks. Selbstverständlich führt kein Weg an der Kommunikation dieser Aufgabenzuteilung vorbei und es gilt im Individualfall Fragen dieser Art zu beantworten: Wer betreut nun welche Aufgaben? Und, wer agiert in welchem Team und welches Teammitglied darf das jeweilige Projektboard einsehen? Und, wer ist für die abgeschlossenen Aufgaben verantwortlich und erstellt mögliche Folgeaufgaben? Und, wer ist im Krankheitsfall der Ansprechpartner und wie kann er/sie bestmöglich erreicht werden?

Ein Leitfaden dieser Art sorgt für mehr Klarheit, stärkeres Vertrauen und eine hilfreiche Struktur innerhalb des dezentralen Teams. Mit der Zeit wird ein jeder Leitfaden zusätzlich von unausgesprochenen Regeln ergänzt, die sich in der Praxis einschleichen und von der Mehrheit übernommen wurden. Von Zeit zu Zeit sollten diese gelebten Regeln ebenfalls in den schriftlichen Kommunikationsleitfaden eingearbeitet werden, um neuen Mitarbeitern das Einleben in das Team einfacher zu gestalten. Beim Blick auf die Regeln wird für neue Teammitglieder damit auf Anhieb klar, welche Erwartungshaltung an sie gestellt werden und wie der Verhaltenskodex innerhalb des Remote-Teams ist.

KENNZAHLEN ZUM MESSEN DER MITARBEITERLEISTUNG

Steht der Wechsel ins Homeoffice an, tun sich Führungskräfte oftmals aufgrund der fehlenden Messgrößen schwer ihr Team zu messen. Mit welchen Zielen sollen die Angestellten in der neuen Umgebung motiviert und gleichzeitig fair beurteilt werden? Wieviel der Mitarbeiterleistung soll überwacht werden, und wieviel der eigenen Entscheidungsfreiheit der einzelnen Mitarbeiter überlassen werden? Fragen dieser Art münden in der Praxis meist in der Verwendung von speziellen Kennzahlen zur Mitarbeiterleistung bei Remote-Teams.

Christian Wiens, Gründer des Startups „Getsafe“, erklärt in einem Interview, dass er schon seit Jahren festgeschriebene Kennzahlen und Ziele für seine Angestellten verwendet. Der spätere Umzug ins Homeoffice ist dem Startup-Gründer zufolge aus diesem Grund besonders reibungslos verlaufen. Jeder Mitarbeiter wusste zum Zeitpunkt des Wechsels bereits die Erwartungshaltung an seine Arbeitsleistung. Folglich konnte er als Führungsverantwortlicher seinen Mitarbeitern genügend Freiraum lassen und dennoch (oder gerade deshalb) die hoch gesteckten Unternehmensziele erreichen.

Was in der Theorie recht simpel klingt, kann sich in der Praxis als große Herkulesaufgabe entpuppen. Wie schauen denn nun geeignete Kennzahlen zur Mitarbeitermessung konkret aus? Und wie gelingt es die Mitarbeiter fair zu beurteilen und ihre Produktivität dennoch vorantreiben? Immerhin unterscheiden sich Mitarbeiter oft stark voneinander und ein „One fits all" in Sachen Zielfestsetzung ist meist nur wenig sinnvoll.

Antworten auf diese Fragestellung lassen sich am besten mit Blick auf die Startup-Szene beantworten, immerhin haben Startups die Agilität in Kombination mit der Fähigkeit des Remote-Arbeitens tief in ihrer DNA verankert. Startups bedienen sich oft der sogenannten „OKR-Methode" und sind damit in Sachen Arbeitsproduktivität und Agilität sehr erfolgreich. Die OKR-Methode steht für die englischen Begriffe „Objectives" und „Key Results". Diese Methode gilt als kollaboratives Protokoll, um einerseits Unternehmensziele festzulegen und sie andererseits hinsichtlich ihrer Zielerreichung zu kontrollieren. In den 1970er-Jahren vom Intel-Gründer Andy Grove gegründet, wurde dieses Tool in der Führungsriege des amerikanischen Chip-Herstellers jahrelang eingesetzt und später von ehemaligen Mitarbeitern kontinuierlich weiterentwickelt.

Tim Mois, der Geschäftsführer von Sipgate, sieht in der OKR-Methode ein sehr erfolgsversprechendes Instrument. Gerade in Krisenzeiten steckt ihm zufolge sogar ein noch größeres Potenzial in OKR. Warum? Mois zufolge messen Führungskräfte und Manager oft den Output anstelle des Outcome. Es wird demnach die Menge an geleisteter Arbeit herangezogen, anstatt die damit erzielte Relevanz als kritischen Faktor zu sehen. Und genau dieser Aspekt kann in Krisenzeiten den Unterschied ausmachen und mit der OKR-Methode besser herausgefiltert werden.

„Jede Einheit der Organisation setzt sich quartalsweise qualitative Ziele, die mit quantitativen Ergebnissen hinterlegt werden“, empfiehlt Mois. Es gibt demnach Objectives, also übergeordnete Ziele, die definieren, was erreicht werden soll und dann gibt es Key-Results, sprich Maßnahmen, wie diese Ziele nun genau erreicht werden sollen. Die Objectives, die Ziele, die man als Unternehmen formuliert, sollten möglichst motivierend und herausfordernd sein. Das heißt aber auch, dass man die Ziele im Optimalfall nicht unbedingt vollständig erreichen sollte. Man hängt sich die Messlatte bewusst etwas höher, um die Mitarbeitermotivation bestmöglich auszuschöpfen.

Da die Art der Ziele für jedes Unternehmen, für jede Führungskraft und jede Branche sehr unterschiedlich ausfällt, macht es an dieser Stelle wenig Sinn Ihnen konkrete Objectives oder Key Results zu nennen. Wenn wir jedoch ein plakatives Beispiel hernehmen, das in den meisten Unternehmen auf die eine oder andere Art Anwendung findet, könnten wir vielleicht kurz das formuliert Ziel „Erhöhung der Kundenzufriedenheit“ zur Hand nehmen. Diese Formulierung ist recht unpräzise und dient nur eingeschränkt einer ersten Orientierung. Würde das Ziel jedoch lauten „Wir verwenden ein neues Kundensupportsystem, mit dessen Hilfe wir die Kundenzufriedenheit erhöhen werden“, ist das Vorhaben schon deutlich klarer formuliert und gibt die notwendige Orientierung.

Der Vorteil von klar formulierten Zielen ist es außerdem, dass ihre Aufgaben zur Erreichung dieser Ziele konkret heruntergebrochen und leichter messbar werden. Genau diesen Aspekt bilden die Key-Results ab, die in unserem Beispiel folgendermaßen heißen könnten: „Brainstorming zum Finden des passenden Supportsystems“, „Evaluierung von 5 möglichen Systemen“, „Meeting zum Festlegen der passenden Lösung“, „Implementierung des Systems durch die IT“, „Testen des eingerichteten Systems“ und „Evaluierung des Erfolgs bzw. der damit erzielten Kundenzufriedenheit“.

Für Christian Wien bringt diese Methode noch einen ganz speziellen Mehrwert mit sich: „Durch die Festlegung von Zielen auf unterschiedlichen Ebenen wird sichergestellt, dass wir alle gemeinsam auf dieselben übergeordneten Firmenziele hinarbeiten – und zwar ganz egal, ob im Büro oder im Homeoffice.“ Dabei wird in seinem Team wöchentlich kontrolliert, welche Ziele schon erreicht wurden und welche es noch zu erreichen gilt. In seinem Team wird das Erreichen der festgelegten Ziele jeweils vom Vorgesetzten kontrolliert, theoretisch kann dies jedoch auch auf Basis einer Bewertung des gesamten Teams stattfinden.

Es gibt hierzu auch schöne Beispiele aus der Praxis, die hier Vorreiter in der Umsetzung dieser OKR-Methode sind. Der CEO von Studydrive schreibt seinem Team beispielsweise, seit es im Homeoffice arbeitet, jede Woche einen internen Newsletter, in dem er das Gesamtergebnis des Unternehmens präsentiert und damit jedem Mitarbeiter verdeutlicht, zu welch tollem Ergebnis seine einzelne Arbeit beiträgt. Dieses Instrument ist für Remote-Teams ein ideales Beispiel, um die Mitarbeiter an der ambitionierten Zielerreichung teilhaben zu lassen und Erfolge gemeinsam anzuerkennen (und vielleicht auch gemeinsam zu feiern).

Wichtig erscheint mir in dieser Diskussion, dass Mitarbeiter-Kennzahlen zwar durchaus sinnvoll sind und für Transparenz, Fairness und Motivation sorgen, allerdings sollten sie keinesfalls die gesamte Bandbreite der Teamkommunikation ersetzen. Als Führungskraft reicht es nicht, gemeinsam verbindliche Ziele anzusetzen, den Status der erreichten Zahlen zu messen und aus dieser Rechnung ein abschließendes Fazit über die jeweilige Mitarbeiterleistung zu fällen.

Vielmehr ist es neben der objektiven Messung notwendig, ein aktives Gespräch bzw. den persönlichen Austausch mit den einzelnen Teammitgliedern zu suchen und Hintergrundinformationen über die erreichten Ziele in Erfahrung zu bringen.

Nur mit diesem Wissen kann die Führungskraft relevante Handlungsaspekte eruieren, bei denen es im Gesamtprozess oder benachbarten Workflows noch Verbesserungspotential gibt. Mitunter haben Mitarbeiter auch eigene Verbesserungsvorschläge, wie die Ziele besser, schneller oder sogar effektiver erreicht werden können. Dieses Wissen ist für das Unternehmen erfolgsrelevant und sollte keinesfalls einfach unter den (Homeoffice-)Tisch fallen.

Short Facts:
Die 5 wichtigsten Vorteile der OKR-Methode

#1 Planbarkeit
Mit Hilfe der OKR-Methode können Ressourcen spontan umdisponiert werden und Mitarbeiter, die gerade an einer längerfristigen To-do-Liste sitzen, können spontan für eine kurzfristige Aufgabe abgezogen werden. Diese Agilität ermöglicht es Führungskräften, spontan umzuplanen und die Mitarbeiterressourcen bestmöglich einzusetzen.

#2 Klarheit
Speziell im Homeoffice ist der Blick auf das „Big Picture" besonders relevant. Mit der OKR-Methode kann dieser Überblick hinsichtlich der angestrebten Unternehmensziele und der damit verbundenen Aufgaben gelingen. Die Objectives geben die großen Unternehmensziele wieder, während die Key Results die darauf aufbauenden Aufgabenbereiche abbilden. Auf diese Art bewegen sich die Angestellten auch im Homeoffice in die vom Unternehmen vorgegebene Richtung und haben dabei jederzeit den Überblick über die dafür notwendigen einzelnen Aufgaben.

#3 Fokus
Die OKR-Methode zielt auf die zu erreichenden Ziele der nächsten drei Monate ab, durch diesen Zeithorizont fallen

Aufgaben unmittelbar an und liegen nicht zu weit in der Zukunft. Weiß jede Person im Team, was zu tun ist und wohin diese kleinen Schritte führen, ist für genügend Fokus gesorgt.

#4 Vergleichbarkeit

Der Entwicklungsstand von einzelnen Aufgaben lässt sich mit Hilfe der OKR-Methode gut pro Mitarbeiter ablesen. Diese Transparenz hilft die Prozesskette im Team aufzuzeigen und jederzeit den Ist- mit dem Soll-Zustand in Relation zu setzen.

#5 Sicherheit

Wenn Mitarbeitende sehen, dass ihr Tun zum Unternehmenserfolg beiträgt, gibt ihnen das ein Stück Sicherheit. Egal, ob es sich um eine Krisen- oder eine Wachstumszeit des Unternehmens handelt, auf diese Art spüren sie, wie sie durch das aktive Beisteuern ihrer Arbeitsleistung eine gewisse Kontrolle über den Erfolg des Unternehmens ausüben können. Rein psychologisch ist dies für die einzelnen Mitarbeiter gerade auch in unsicheren Krisenzeiten ungemein wertvoll und spricht für die OKR-Methode.

MIT DEN RICHTIGEN TOOLS DEN ÜBERBLICK BEHALTEN

Steht Mit den passenden Instrumenten fällt das Führen aus dem Homeoffice eindeutig leichter. Dabei ist es gar nicht relevant, zunächst alle vorhandenen Programme kennenzulernen und sie einzeln auf Herz und Nieren zu prüfen. Wichtiger ist es sich einen kurzen Überblick über die beliebtesten Tools zu verschaffen und ein für das Team und die jeweilige Konstellation passenden Mix an Digitaltools auszuprobieren. Erst beim täglichen Arbeiten mit den Tools wird klar, ob sie die Anforderungen für die Kommunikation und das Management erleichtern. Ist dies nicht der Fall, sollte schleunigst nach einer Alternative Ausschau gehalten werden. Immerhin ist das Angebot an Tools schier unendlich und es scheint für jeden Wunsch mindestens ein passendes Software-Produkt zu geben.

Idealerweise werden die verwendeten Tools nach einer gewissen Zeit vom gesamten Team evaluiert, um Unstimmigkeiten und mögliche Schwierigkeiten zu erkennen und die Notwendigkeit für den Umstieg auf ein alternatives Programm frühzeitig zu erkennen.

Die folgende Tool-Liste soll Ihnen einen hilfreichen Input für den Start in die Tool-Auswahl geben. Jedes Programm für sich wird weltweit millionenfach verwendet, zählt demnach zu den beliebtesten Programmen für die

Kommunikation im Homeoffice und dennoch hat die Liste keinen Anspruch auf Vollständigkeit.

Slack: Maßgeschneiderte Online-Kommunikation
Slack zählt zu den beliebtesten Kommunikationstools im Businesskontext, und das nicht nur im deutschsprachigen Raum. Was WhatsApp für den privaten Gebraucht ist, stellt Slack im Geschäftsalltag dar. Je nach Bedarf können einzelne Teamchats, Aufgabenchats oder ganze Unternehmenschats erstellt werden und in Kombination mit vereinbarten Kommunikationsregeln zu einer produktiven, virtuellen Teamkommunikation führen. Wenn früher von einem Schreibtisch zum nächsten eine Information weitergerufen wurde, ist das im Homeoffice nun mit Slack möglich. Die Integration mit anderen Tools, wie beispielsweise Zoom oder Google Drive, ermöglichen es in der Praxis mit nur wenigen Klicks aus Slack heraus ein Meeting zu starten oder ein Dokument in der Cloud zu speichern. Alternative Tools für die Online-Kommunikation könnten neben Slack auch die Programme Microsoft Teams oder Circuit sein.

Zoom: Videokonferenz einfach gemacht
Dieses Tool zur Videokonferenz hat mit der Corona-Pandemie an Beliebtheit gewonnen, und das nicht zu Unrecht. Der Austausch mit Kollegen aus dem Homeoffice wird mit Zoom quasi zu einem Kinderspiel. Gespräche lassen sich mit nur wenigen Klicks in jeder erdenklichen Gruppenkonstellation aufsetzen. Die Gratisversion von Zoom ist ab drei Teilnehmern auf 40 Minuten beschränkt, was für ein kurzes Standup-Meeting in der Regel dennoch

reichen sollte. Zoom lässt sich darüber hinaus mit allen gängigen Kalendersystemen synchronisieren und ist sowohl für den Desktop als auch das Smartphone anwendbar. Auch Skype hat den Videocall für nicht-registrierte User freigegeben und bietet deshalb eine mindestens genauso hochwertige Video-Lösung an. Dem regelmäßigen Videocall mit den Kollegen steht mit diesen beiden Tools deshalb definitiv nichts mehr im Weg.

Teamviewer: Wenn eine Fernwartung notwendig wird

Im Büro hilft der Kollege nebenan kurz weiter, wenn ein Programm nicht mehr funktioniert oder eine Einstellung am Laptop verrückt ist. Doch, wie können solche Situationen im Homeoffice gelöst werden? An dieser Stelle rückt Teamviewer vor den Vorhang. Mit ihm kann ein Kollege leicht auf den Rechner einer anderen Person zugreifen und die zuvor geschilderte Hilfe anbieten. Diese Hilfeleistung funktioniert sogar am Handy oder mit dem Zugriff auf einen zweiten Computer (der beispielsweise im Büro steht). Auf diese Art kann mit nur wenigen Klicks die notwendige Fernwartung geleistet werden.

Trello: Digitale Projektverwaltung für Einsteiger

Agile Managementmethoden klingen in der Theorie meist einleuchtend, in der Praxis überfordern sie einen Großteil der Führungs- und Mitarbeiterschar jedoch oft. Mit Trello fällt der Einstieg in die agile Projektverwaltung allerdings jedem leicht. Das Programm ist so simpel aufgebaut, dass es nicht nur Startups gerne verwenden, sondern Privatpersonen sogar Hochzeit- und Urlaubsplanung damit erledigen. Trello ist es gelungen die Kanban-Boards so einfach zu gestalten, dass Einsteiger sich schnell zurechtfinden und damit das Verwalten von Aufgaben und Projekten für jeden leicht möglich wird. Diese einfache Handhabung mit Listen und Karten, die leicht zu verschieben sind, ist für einen großen Teil der Unternehmen mehr als ausreichend. Wird es allerdings etwas komplexer, indem beispielsweise Ressourcenplanung oder Gantt-Charts notwendig werden, stößt Trello an seine Grenzen. Für den Beginn ist Trello jedoch ein ideales Einsteigertool zur digitalen Teamkommunikation – und das nicht ausschließlich für Remote-Teams. Trello ist übrigens Teil der Atlassian-Gruppe, zu der auch Jira zählt.

Jira: Agiles Projektmanagement für Fortgeschrittene

Mit Jira erhält das Team ein flexibles Tools, das sowohl die Kanban-Methode als auch Scrum unterstützt. Es wird häufig und gern gemeinsam mit Trello eingesetzt und ist besonders bei Softwareentwicklern sehr beliebt. Alle zentralen Aspekte eines agilen Projektmanagementtools werden durch Jira abgedeckt – von Bug-Tracking hin zur Story-Erstellung, von der Verwaltung von Aufgaben bis hin zum großen Projektmanagement. Auch mit Analytics-Optionen und detaillierten Berichten kann Jira auffahren und gibt tiefe Einblicke in die Projektprozesse. Mit über 1.000 Addons und Plugins von Drittanbietern bietet es darüber hinaus eine enorme Fülle an Erweiterungsoptionen. Die vielen Integrationsmöglichkeiten machen das Tool für jeden erdenklichen Fall attraktiv – allerdings kann es aufgrund der Fülle auch schnell zur Überforderung führen. Aus diesem Grund ist es nur für die fortgeschrittene, digitale Teamkommunikation empfehlenswert.

Asana: Vom digitalen Arbeitsplatz hin zum Projektmanagement

Beim Tool Asana liegt der Schwerpunkt in der Planung von Projekten und ihren To-dos. Jedes Projekt verfügt über eine entsprechende Kommentarfunktion und Kollegen können somit auf Projektebene miteinander kommunizieren, Projekte gemeinsam anlegen, Personen an Bord holen, ihnen Aufgaben zuweisen und den jeweiligen Bearbeitungsstand einzelner To-dos sowie des gesamten Projekts überwachen. Jedes Team-Mitglied kann sich informieren, wie weit ein Prozess bereits fortgeschritten ist und welche Aufgaben noch zu erledigen sind.

Asana gehört zu den beliebtesten Projektmanagement-Tools und überzeugt mit hoher Benutzerfreundlichkeit und einer kurzen Einarbeitungszeit. Im Kern stellt es sich aus drei Spalten zusammen, während links aktuelle Projekte angezeigt werden, finden sich in der Mitte die damit einhergehenden Aufgaben und rechts die Detailinformationen zu den Aufgaben (z.B. Kommentare, Tags, Links, Notizen). Auf diese Art schlägt Asana die Brücke zwischen Aufgabenverwaltung und kollaborativem Projektmanagement und ist insbesondere für die Strukturierung von großen Mengen an Informationen hilfreich.

Leapsome: Das ideale Tool für die OKR-Methode

Leapsome eignet sich besonders gut für die Umsetzung der vorhin detailliert beschriebenen OKR-Methode. Das Berliner Startup hat seine Software bewusst modular aufgebaut und lässt seinen Nutzern frei, welche Teile des

Tools sie nutzen wollen und welche weniger hilfreich für sie sind. Neben der Verwendung für die OKR-Methode bietet Leapsome die Möglichkeit Mitarbeiterfeedback einzuholen, betriebsinterne Weiterbildungen durchzuführen und einen 360-Grad-Review abzuhalten. Mit der Anknüpfung an existierende HR-Systeme wie Personio oder Active Directory, oder die Integration in Slack, Outlook oder Gmail überzeugt dieses Tool.

Google Drive: Datenspeicherung in der Cloud

Damit alle Teammitglieder auf vorhandene Dokumente zugreifen und zeitgleich an ihnen arbeiten können, sind Cloudspeicher-Dienste das Mittel der Wahl. Egal, ob Textdokumente, Tabellenkalkulationen oder Präsentationsfolien, mit dem Speichern in der Cloud wird allen Teammitgliedern der Zugriff auf die relevanten Dokumente gegeben und das Team kann gleichzeitig daran arbeiten. Die Änderungen werden in Echtzeit angezeigt und das sowohl am Desktop als auch am Smartphone. Ein großer Bonuspunkt von Google Drive sind die 15 Gigabyte Speicherkapazität, die jeden User zum Start erhält. Alternativ bieten auch Owncloud oder Dropbox ähnliche Cloud-Speichermöglichkeiten an, die von Remote-Teams häufig einsetzt werden.

Sollten große Daten transferiert werden, ist die Verwendung von WeTransfer eine beliebte Tool-Option. Mit diesem Datentransfer-Dienst können Dokumente bis zu zwei Gigabyte einfach und ohne das „Zumüllen“ von Cloud-Speicherkapazitäten von einem Benutzer zum nächsten transferiert werden. Nach dem Upload erhält der

Empfänger eine E-Mail mit einem entsprechenden Link zum Download und kann sich die Dokumente bequem herunterladen. Dazu ist nicht einmal eine Registrierung notwendig. WeTransfer bietet damit einen simplen und aus diesem Grund auch äußerst beliebten Datentransfer-Dienst für alle dezentralen Teams an.

DAS ERFOLGREICHE MANAGEN VON VIRTUELLEN TEAMS

„Ich habe alle Daten in der Cloud gespeichert. Deshalb bin ich von zu Hause oder beim Reisen gleich effektiv wie ich es im Büro bin.“

Nick Timmons, Personify Inc.

Mit Wie uns die Fülle an Tools im vorangegangenen Kapitel gezeigt hat, ist es keine Kunst, im Homeoffice an ein und demselben Dokument gemeinsam zu arbeiten und sich bei Bedarf auf jede erdenkliche Art und Weise zu hören, zu sehen und damit erfolgreich zu kommunizieren. Allerdings kann bei all der Fülle an Möglichkeiten schnell Chaos einkehren und die einzelnen Mitarbeiter verlieren vor lauter Nachrichten, Kanälen und Richtlinien schnell den Überblick. Wenn immer mehr Nachrichten über immer mehr Kanäle und Dienste versendet werden, fühlen sich die einzelnen Teammitglieder in der Regel eher überfordert wie gut informiert. Schließlich braucht niemand drei Tools für den Videocall oder zwei Messenger-Tools. Aus Erfahrung kann ich berichten, dass mit der Menge an verwendeten Tools die Chance steigt wichtige Informationen zu verlieren und für Verwirrung innerhalb des Teams zu sorgen.

Mit dieser Erkenntnis im Hinterkopf tauchen wir nun in die Thematik des Onlinemeetings ein. Dieser Aspekt fordert von Führungskräften im Homeoffice oftmals die größte Bereitschaft zur Veränderung ab, immerhin soll mit Onlinemeetings die Kommunikation im Büro ersetzt und der Informationsfluss gleichermaßen gut gewährleistet werden. Von Angesicht zu Angesicht lassen sich manche Themen dennoch einfacher, rascher und durchaus auch persönlicher klären. Doch auch auf dem digitalen Weg können Meetings erfolgreich stattfinden, davon habe ich Sie womöglich bereits im Vorwort überzeugen können. Unabhängig von einem Offline- oder Online-Meeting sind diese mit einer gewissen Vorsicht zu genießen. Immerhin zählen Besprechungen zu den größten Zeitfressern im Arbeitsalltag und sind oftmals nicht für alle Teilnehmer gleich relevant. Aus diesem Grund ist es wichtig, sich vor dem Versenden einer Einladung für das (Online-)Meeting kurz zu fragen: Ist dieses Meeting wirklich für alle von großer Bedeutung? Können wir die Entscheidung auch auf dem kurzen Dienstweg, per Messenger oder Telefon, herbeiführen?

Experten empfehlen bei kurzen Absprachen eher zu Messenger- oder Chat-Diensten zu greifen und kein Onlinemeeting anzusetzen. Für größere Absprachen eignen sich hingegen Videokonferenzen wesentlich besser wie Teamchats. Lässt die Internetverbindung kein verlässliches Videomeeting zu, sind Telefonkonferenzen die zweite Wahl. E-Mails sollen Experten zufolge immer nur zum Weiterleiten von Informationen verwendet werden. Sind hingegen schnelle Antworten oder ist die Diskussion von komplexen Sachverhalten gefragt, sind E-Mails in der Regel wenig zielführend. Ist die Notwendigkeit eines Meetings geklärt, gilt es dennoch auch einige Do's und Don'ts bei der digitalen Teambesprechung zu befolgen.

VON DER KUNST (DIGITALE) MEETINGS ZU FÜHREN

Unabhängig davon, ob es sich um ein Onlinemeeting über Zoom oder ein Präsenzmeeting im Büro handelt, an bestimmte Regeln sollten sich grundsätzlich alle Meetings halten. Trotzdem birgt ein digital geführtes Meeting größere Gefahren bzw. größere Herausforderung für alle Beteiligten. Insbesondere dann, wenn die einzelnen Teilnehmer im virtuellen Kommunizieren noch wenig Übung haben. Nervös und nervenaufreibend sind für

Neulinge zunächst alle Aspekte der Technik, nicht selten birgt die nichtfunktionierende Technik großes Konfliktpotenzial. Für solche Zwecke gibt es jedoch ein paar Tipps von Experten.

Der Gründer des „Kurz Büro Kaizen", Jürgen Kurz, berät Unternehmen in eben diesen Effizienzfragen und weiß, wo es im Homeoffice schnell zu Störungen kommen kann. Er verrät uns den Trick, bei schlechter Audioqualität in einem Video besser ein Headset zu verwenden und bewusst die Kamera zu deaktivieren. Auf diese Art erhöht sich in der Regel die Audioqualität und oftmals wird damit das häppchenweise Ankommen des Tons bereits deutlich verbessert. Er gibt seinen Klienten auch den folgenden Tipp mit auf den Weg: „Wer gerade nicht redet, sollte sein Mikrofon stummschalten." Das bewirkt, dass Hintergrundgeräusche von Personen, die gerade nicht aktiv sprechen, nicht das Meeting stören. An diesem Punkt erkennt man ihm zufolge oftmals die Neulinge im Remote-Team, ihnen sind solche Tricks meist noch nicht bekannt.

Aufgrund des erhöhten Konfliktpotenzials in der digitalen Kommunikation rät der Effizienzexperte Kurz zu Videocalls. Vorausgesetzt, das zu besprechende Thema lässt sich nicht im kurzen Telefonat lösen. E-Mails und Text-Nachrichten lassen sich ihm zufolge schnell fehlinterpretieren und fallen darüber hinaus wesentlich unpersönlicher aus. Ihnen fehlt das Zusammenspiel von Informationsträgern wie der Stimme, der Mimik und der Gestik. Eine missverständlich gelesene Nachricht hat schon in vielen Fällen dazu geführt, dass Kollegen längere Zeit nicht gut aufeinander zu sprechen waren – ohne dass die betreffende Person dies überhaupt mitbekommen hat. Am runden Besprechungstisch oder im Zoomcall wird solch eine Emotion in der Regel schnell sichtbar und Unstimmigkeiten können frühzeitig erkannt und gelöst werden. Diese Erkenntnis soll nun nicht zum wahllosen Videomarathon für alle anfallenden Kommunikationsthemen animieren, jedoch die Vor- und Nachteile der Video- und Chatkommunikation noch einmal deutlich herausstreichen.

Kurz rät bei Onlinemeetings möglichst auf ausladende Gesten oder Zweideutigkeiten zu verzichten. Sie führen allzu schnell zu Missverständnissen. Auch gut gemeinte Ratschläge fassen Gesprächspartner schnell als arrogant auf und sind auf die Distanz eher zu vermeiden. Eine weitere Gefahrenquelle bei Onlinemeetings birgt das introvertierte Verhalten einzelner Teilnehmer. Diese Persönlichkeitstypen finden oftmals in Videogesprächen deutlich weniger Gehör und werden deshalb in der Praxis oft übergangen oder gar vergessen. Wenn Teammitglieder wirklich nichts beizutragen haben, sind sie in der Regel oft sowieso fehl am Platz und hätten vielleicht gar nicht am Meeting teilnehmen müssen. Für alle anderen gilt, aktive Teilnahme am Meeting ist ausdrücklich erwünscht und jedes Mitglied soll sich Gehör verschaffen.

Damit dies auch den introvertierten Personen ermöglicht wird, sollten Moderatoren und Führungskräfte bewusst Pausen einbauen und allen Mitgliedern Zeit lassen, auf Fragen zu reagieren und Input zu geben.

Wie viele Personen zu einem Meeting eingeladen werden, ist außerdem nicht unerheblich für den Meetingerfolg. In großen Gruppen können sich nicht alle Mitglieder gleichermaßen einbringen. Zu schnell wird die Zeitgrenze des Meetings gesprengt oder chaotische Diskussionen sind eine mögliche Konsequenz der großen Teilnehmerzahl. Aus diesem Grund gilt die Faustregel: Nicht mehr als acht Teilnehmer sollen zeitgleich in einem Videocall sein, vorausgesetzt, das Ziel des Calls ist ein aktives Diskutieren zu einem bestimmten Thema. Ausnahmen bestätigen an dieser Stelle selbstverständlich die Regel, doch in der Praxis sitzen selten mehr Personen an einer Aufgabe und müssen sich deshalb direkt zu einer Arbeitsbesprechung verabreden.

Ein weiterer, wichtiger Aspekt im Abhalten von Onlinemeetings ist das frühzeitige Versenden einer dazu passenden Agenda. Auf diese Art können sich Teilnehmer aktiv auf die Besprechung vorbereiten und die Zielsetzung des Meetings wird auf den ersten Blick klar. Diese Regel der verpflichtenden Agenda sollte in den Kommunikationsleitfaden aufgenommen werden. Kurz zufolge ist ein kurzes Ergebnisprotokoll nach jedem Meeting ebenso ein Muss: „Sei das nun in einem gemeinsam genutzten digitalen Notizbuch oder einem Gesprächsprotokoll, das per E-Mail an das Team verschickt wird. Protokolle bringen Verbindlichkeiten in die besprochenen Themen und sorgen dafür, dass die Überführung der Inhalte in die Praxis gelingt."

7 Tipps für ein erfolgreiches Onlinemeeting via Videocall

#1 Nutzen Sie Videocalls anstelle von Telefonaten!
Sobald das Thema mit mehr als vier Augen besprochen werden sollte, ist grundsätzlich eher zu einem Videocall zu raten. Theoretisch kann ein Telefoncall ebenso denselben Nutzen stiften, in der Praxis fehlt ihm jedoch der Faktor der Körpersprache. Beim Telefonat muss zu oft geraten werden, wer nun welche Aussage getätigt hat und welche Stimme zu welcher Person gehört. Diese Tatsache erfordert von den Zuhörer Konzentration und Energie, die an der anderen Stelle besser eingesetzt werden könnte. Aus diesem Grund gilt: Wann immer eine Besprechung mit mehr als zwei Personen ansteht, ist ein Videocall mit Webcam zu empfehlen.

#2 Begrenzen Sie die Teilnehmerzahl!
Bei der Organisation eines Onlinemeetings steht eine Frage an oberster Stelle: Welche Personen braucht es für dieses Meeting unbedingt, damit es zum Erfolg wird? Nur die zwingend benötigten Teammitglieder sollten dann auch eingeladen werden. Die Faustregel von maximal acht Personen für ein Meeting, in dem es zu Diskussionen kommen darf und Meinungen verschiedener Personen einfließen sollen, bildet einen guten Richtwert. Mehr als acht Teilnehmer führen schnell zur Vortragsatmosphäre, indem

nur die ganz Mutigen das Wort ergreifen und keine lebendige Diskussion aufkommen wird.

#3 Bereiten Sie sich mit einer Agenda vor!

Was zunächst als lästige Zusatzaufgabe angesehen werden kann, entpuppt sich schnell als unverzichtbarer Erfolgsfaktor. Meetings mit einer Agenda, die vorab an alle Teilnehmer versendet wird, führen in der Praxis zu effizienteren Besprechungen. Dabei enthält ein Meeting selten mehr als fünf Agendapunkte, schließlich will niemand zwei Stunden in einem Call verbringen. Eine lange Agenda wirkt zudem entmutigend und wird oftmals gar nicht erst gelesen. Idealerweise wird sie vorab per Email versendet und gibt den Mitgliedern genügend Zeit, sich mit bestimmten Fragen oder erwünschten Inputs vorzubereiten.

#4 Führen Sie Protokoll (oder lassen Sie es führen)!

Ähnlich wie eine Agenda kann auch ein anschließendes Protokoll zunächst als lästiger Zusatzaufwand gesehen werden. In der Praxis entpuppt sich ein kurzes Gedächtnisprotokoll jedoch als mindestens genauso hilfreich. Das Protokoll soll die wichtigsten Beschlüsse festhalten und die relevanten Handlungsanweisungen nachvollziehbar dokumentieren. Dieser Aspekt soll keinesfalls ausufern, ein gelungenes Protokoll hält meist in Stichpunkten das Wichtigste fest, verwendet Namenskürzel anstelle von ausgeschriebenen Namen und hebt vereinbarte Deadlines heraus.

#5 Setzen Sie bewusst Zeitblöcke an!

Hält sich das Meeting an eine Agenda, sind vorab definierte Zeitblöcke ein gut gemeinter Tipp für erfolgreiche Meetings. Klar definierte Zeitangaben für die einzelnen Agendapunkte helfen die angesetzte Dauer des Meetings einzuhalten und kein Abspringen der einzelnen Teilnehmer zu erleben, bevor das Wichtigste zum Schluss definiert wird. Teilnehmer haben nun einmal Folgetermine und können ein Meeting nicht immer ohne Konsequenzen überziehen. Wenn ein Meeting für eine Stunde angesetzt wird, könnte in den ersten zehn Minuten das Thema präsentiert werden. In den nächsten 30 Minuten könnte eine Diskussion zu den Vor- und Nachteilen der Idee stattfinden. Anschließend werden zehn Minuten lang Lösungsmöglichkeiten angedacht, bevor in den letzten zehn Minuten die konkreten Aufgaben verteilt werden. Auf diese Art wird sichergestellt, dass die Teilnehmer bis zum Schluss noch alle mit dabei sind und das Ziel des Meetings in Anwesenheit aller erfüllt wird.

#6 Bauen Sie bewusst Check-Ins ein!

Wenn die Teilnehmer eines Meetings zum Einstieg die Möglichkeit erhalten kurz zu berichten, was Ihnen gerade Sorgen bereitet und an welchem Punkt sie aktuell gerade stehen, kann dies zu einem aktiveren Zuhören führen. Warum? Teilnehmer, die in Gedanken noch beim letzten Kundentermin hängen oder sich in Gedanken bereits um das pünktliche Abholen der Kinder aus dem Kindergarten sorgen, sind keine guten Zuhörer. Damit kann ein Meetup schnell zu einer reinen Zeitverschwendung werden.

Bekommen die Gesprächspartner vorneweg jedoch die Möglichkeit kurz ihren Standpunkt zu schildern, fühlen sie sich abgeholt und tun sich leichter in das Thema des anstehenden Meetings einzusteigen.

#7 Überstrapazieren Sie die Zahl an Meetings nicht!

Im Büro können manche Führungskräfte ein Lied davon singen. Es vergehen Tage, an denen sich ein Meeting an das nächste reiht und an ungestörtes Arbeiten nicht zu denken ist. Für solche Zwecke hilft es, sich bewusst zu überlegen, welches analoge Meeting in ein digitales Meeting umgewandelt werden muss, und welches Gespräch auch in einem Chat oder per E-Mail geklärt werden kann. Für diesen Zweck gibt es die hilfreiche „5-3-Regel". Sie besagt, dass eine Person maximal drei Stunden pro Tag in Calls verbringen darf und mindestens fünf Stunden pro Tag konzentriert arbeiten können soll. Eine Regel dieser Art priorisiert die Meeting-Einladungen übrigens auch wunderbar. Weniger wichtige Besprechungen können mit Hilfe dieser Regel leichter abgesagt werden und schaffen dem Remote-Arbeitenden damit mehr Zeit für produktive „Deep Work".

DETAILS MACHEN OFTMALS DEN UNTERSCHIED

Neben offiziellen Meetings sind es im Laufe des Arbeitsalltags oft kleine Nuancen, die über Erfolg oder Misserfolg eines Remote-Teams entscheiden. Um an dieser Stelle von den erfolgreichen Teams zu lernen, blicken wir nun auf sechs konkrete Erfolgstipps. Ihnen allen gemein ist, auf den ersten Blick wenig spektakulär zu wirken. Erst beim genauen Hinsehen scheinen sie für den Teamerfolg relevant zu sein.

Erfolgstipp #1:
Warm-Up oder Closing-Rituale zu Beginn und am Ende des Onlinemeetings sind goldwert!
Bereits im Vorwort haben wir von der ROTI-Methode erfahren. Es handelt sich dabei um eine Methode zum Evaluieren des Meetings auf Basis der Frage nach dem „Return on Time Invested". Jeder Teilnehmer beurteilt mit seinen Fingern das soeben abgehaltene Meeting und gibt damit ein unmittelbares Feedback zur Sinnhaftigkeit und dem Erfolg des Meetings. Ein Finger steht für ein miserables Zeitinvestment, fünf Fingern stehen für ein exzellentes Investment und damit für perfekt genutzte Zeit bzw. ein höchst produktives Meeting. Bekommt eine Führungskraft öfter das Feedback eines nicht sonderlich produktiven Zeitinvestments, kann sie das als wertvolles

Feedback sehen und sich nach einer alternativen Kommunikationslösung für die zu besprechenden Themen umsehen.

Für eine Führungskraft dient das ROTI-Feedback als Stimmungsbarometer und kann ein wertvoller Anhaltspunkt in der Prozessoptimierung sein. Ein Warm-Up-Ritual könnte auch das Beantworten einer tagesaktuellen Frage zur Eröffnung des Meetings sein. Alternativ kann auch bewusst einige Minuten über Privates, Lustiges oder Erfahrungswertes gesprochen werden, das nicht im Business-Kontext steht. Für welche Methode Sie sich auch entscheiden mögen, die Idee des langsamen Ankommens in eine Meeting-Umgebung bzw. des langsamen Verabschiedens aus einem soeben abgehaltenen Meetings sorgt für einen sanften Übergang und meist einen nachhaltigen Meeting-Effekt.

Erfolgstipp #2:
Definieren Sie fixe Kernarbeitsstunden für das gesamte Team!

Zugegeben, es gibt durchaus Unternehmen, die ihren Mitarbeitern nicht nur die völlige örtliche Freiheit, sondern auch die zeitliche Freiheit der Arbeitsgestaltung anbieten. Für Vielreisende in unterschiedlichen Zeitzonen oder alleinerziehende Elternteile mag das ein Segen sein, für die Kommunikation im Team ist es dies jedoch nicht immer. So kann es durchaus passieren, dass erst 24 Stunden auf die Antwort eines Kollegen gewartet werden muss, bevor der nächste Arbeitsschritt durchgeführt werden kann. Aus diesem Grund empfehlen die meisten Experten eine gewisse Anzahl an Stunden als Kernarbeitszeit für das gesamte Team festzulegen, um den Workflow hoch zu halten und keinen unnötig langatmigen Kommunikationsprozess zu kreieren.

In der Praxis genügt es meist, wenn das Team vier Stunden pro Tag verpflichtend zur selben Zeit arbeitet. In dieser Zeit können Meetings stattfinden und dringende Fragen zeitnah beantwortet werden. Die restliche Zeit kann die Kommunikation asynchron stattfinden und jeder Mitarbeiter kann zu seiner präferierten Zeit den Aufgaben nachgehen.

Erfolgstipp #3:
Machen Sie sich die Vorzüge des Screensharings zu Nutze!

Manches Meeting wird zu einer reinen Zeitverschwendung, wenn das geschilderte Problem oder die Änderungen auf der Website nicht live vorgezeigt werden kann. Glücklicherweise gibt es für solche Fälle in beinahe jedem Call-Programm die Möglichkeit des geteilten Bildschirms. Auf diese Art lässt man die Gesprächspartner am aktuellen Stand der Dinge teilhaben und lange Erklärmarathons erübrigen sich in der Regel. Blicken beide Gesprächspartner auf denselben Bildschirm, erleichtert sich nicht nur die Präsentation, auch das gemeinsame Erstellen von Designentwürfen, Präsentationsfolien oder Excel-Tabellen fällt damit wesentlich leichter.

Sollte in ihrem Team die asynchrone Kommunikation ein erstrebenswertes Ziel darstellen, und Mitarbeiter zu unterschiedlichen Zeitpunkten an ein und demselben Projekt arbeiten, so sind auch Bildschirmvideos, sogenannte Screencasts, ein gern genutztes Feature. Nehmen Sie als Führungskraft dazu ein kurzes Bildschirmvideo auf und senden es dann an die relevanten Personen in Ihrem Team. Diese können das Video dann zum für sie passenden Zeitpunkt in Ruhe anhören und gegebenenfalls sogar einzelne Stellen des Videos öfter anhören.

Erfolgstipp #4:
Beugen Sie dem Lagerkoller im Homeoffices proaktiv vor!

Ein Aspekt, den einige Remote-Arbeitende von Beginn weg spüren und andere erst nach einigen Wochen (oder auch nie) erleben, ist das Gefühl des Lagerkollers aufgrund der fehlenden Nähe zu den Arbeitskollegen. Der Mensch ist ein soziales Wesen. Auch wenn er täglich per Videocall und Zoom-Meeting mit anderen Menschen interagiert, fehlt ihm im Homeoffice oftmals die soziale Nähe zu seinen Mitmenschen. Als Führungskraft sich früh genug mit dieser Thematik zu beschäftigen, ist ein wichtiger Aspekt – nicht nur für die eigene Gesundheit, sondern auch für jene seines Teams. Für Remote-Arbeitende, die ihre Pausen mit der Frau oder den Kindern im Spielzimmer verbringen können, ist diese Gefühlslage sehr wahrscheinlich weniger relevant. Verbringt eine Person jedoch den ganzen Tag alleine zu Hause, so wäre es eine Idee sich nach dem Arbeitsende bewusst mit Freunden außerhalb der Wohnung zu verabreden und die sozialen Kontakte aufleben zu lassen. Auch der Besuch eines Coworking-Spaces kann diesem Gefühl der Einsamkeit abhelfen, immerhin sind dort Gespräche an der Kaffeemaschine oder mit dem benachbarten Coworker genauso alltäglich, wie sie es im Großraumbüro sind. Für manche Personen mag auch ein virtuell abgehaltenes Teamevent die Lücke des Lagerkollers erfolgreich füllen, im nächsten Kapitel schauen wir uns dazu noch einige konkrete Ideen an.

Erfolgstipp #5:
Stärken Sie das Wir-Gefühl und fangen Sie die Gefühle der Mitarbeiter bewusst ein!

Wenn täglich miteinander über Chats und Videocalls kommuniziert wird, kann leicht der Eindruck entstehen, über das Geschehen im Unternehmen ausreichend Bescheid zu wissen. Oftmals sind die Kommunikationsflüsse jedoch sehr einseitig und am Ende des Arbeitstags weiß zwar der Projektmanager, was bei Person A oder B vorgeht, diese(r) fühlt sich jedoch noch lange nicht als wichtiger Teil des großen Ganzen und hat noch konkrete Sorgen auf dem Herzen. Aus diesem Grund halten einige Remote-Teams ein wöchentliches Meeting ab, bei dem jeder Mitarbeiter in wenigen Sätzen erzählt, woran er diese Woche gearbeitet hat und welchen Nutzen dies für das Unternehmen stiftet.

Solch eine kurze Besprechung hat nicht den Nutzen einzelne Aufgaben zu koordinieren, es zielt lediglich darauf ab, das WIR-Gefühl im Team hoch zu halten und den

Gemeinschaftsfaktor für die großen Unternehmensziele zu fördern. Fortschritte mit den Arbeitskollegen zu teilen, fördert schließlich die gemeinsame Motivation.

Erfolgstipp #6:
Fördern Sie Ihr Team in Sachen Gesundheit!
Während ein Büroangestellter durchschnittlich zwischen 2.000 und 4.000 Schritte pro Tag absolviert, fällt das Pensum bei Personen im Homeoffice deutlich geringer aus. Die Folge davon sind oftmals gesundheitliche Folgen in ganz unterschiedlichem Ausmaß. Vom geschwächten Immunsystem bis hin zur erhöhten Chance an Herz- und Kreislauferkrankungen zu leiden, ist die Bandbreite groß. Personen im Homeoffice sind deshalb gut beraten, sich bewusst ein Zeitfenster für Bewegung und etwas Sport in den Alltag einzubauen. Das kann vom Spaziergang mit dem Hund bis hin zum Joggen am Feierabend reichen, wichtig ist nur diesen Aspekt nicht aus den Augen zu verlieren.

In Kombination mit einer gesunden Ernährung kann sich damit nicht nur die Leistungsfähigkeit der Remote-Arbeitenden langfristig steigern, sondern auch die Mitarbeiterzufriedenheit auf ein erfreuliches Level einpendeln. Vielleicht können Sie als Führungskraft die Mitarbeiter motivieren gemeinsam auf ein sportliches Ziel hinzutrainieren? Oder Sie unterstützen die Angestellten mit Gutscheinen für das Fitnessstudio oder beim Einkauf von regionalem Obst für die gesunde Pause. Ideen gibt es dazu viele, wichtig ist nur diesen Aspekt nicht aus den Augen zu verlieren und proaktiv mit dem Team anzugehen.

VIRTUELL DEN TEAMGEIST STÄRKEN

„If you can laugh together, you can work together."

Robert Orben

An der Meinung von Robert Orben ist wohl einiges Wahres dran: Wer zusammen lachen kann, arbeitet in der Regel auch gut bzw. besser miteinander. Doch das gemeinsame Lachen fällt über das Telefon, den Videocall oder die E-Mail mitunter seltener aus, so zumindest der gängige Tenor. Um dem entgegen zu wirken, haben sich Startups und Remote-Unternehmen einige lustige und motivierende Ideen überlegt, wie sie für gute Stimmung in der Remote-Arbeit sorgen können. Da gibt es einige kreative Idee für den Feierabend, und noch weit kreativere für die Pausenzeit während der Arbeit. Immerhin sind gemeinsame Pausen auch bei Remote-Teams möglich, es ist dies nur eine Frage der Organisation.

Eine beliebte und recht erfolgreiche Idee ist es, im Messenger-Programm der Wahl (z.B. Slack) einen eigenen „Pausenraum" einzurichten. In diesem Chat können sich Mitarbeiter bewusst zwischen den Phasen des „Deep Work" treffen, kurz verschnaufen, sich locker über ein

Themen abseits der Arbeit unterhalten oder lustige Videos miteinander teilen. Das Unternehmen „37signals“ nennt diesen Chat lustigerweise den „Wasserspender“. Im Büro würden die Mitarbeiter in der Pause kurz vom Schreibtisch aufstehen, zum Wasserspender gehen und sich ein frisches Glas Wasser holen. In der Regel treffen sie dort auf einen Kollegen und unterhalten sich ein wenig mit ihm. Virtuell kann diese „Zufallsbegegnung mit Kollegen“ in einem dafür definierten Chat stattfinden.

Der große Vorteil von solch virtuellen Pausenräumen ist es, dass die Mitglieder ihre Pausen gemeinsam verbringen und gemeinsam lockere, lustige oder unterhaltsame Momente erleben – das verbindet. Außerdem erscheint der Mitarbeiter nur zu dem Zeitpunkt im virtuellen Pausenraum, wenn er gerade eine Pause benötigt. Er wird also nicht aus einer Phase des „Deep Work“ herausgerissen und kann seinem natürlichen Arbeitsrhythmus folgen.

Florian Bogenschütz, der Managing Director von Wayra, formuliert die Bedeutung von informellen Treffen wie folgt: „Was normalerweise beim Austausch am Kickertisch oder im Open Space besprochen wird, ist oft entscheidender als offizielle Meetings“. Wenn der lockere Plausch hingegen kein Äquivalent im Homeoffice findet, bricht ein wichtiger Teil der Teamkommunikation weg.

Aus diesem Grund ist es wichtig eine Struktur zu schaffen, die den privaten, lockeren Kaffeeplausch im Office ersetzt – auch das ist die Aufgabe einer Führungskraft. Ob das nun heißt die Kollegen zu einem gemeinsamen Kaffee per

Videocall einzuladen oder einen eigenen Slack-Channel für private Kommunikation einzurichten oder zu einem gemeinsamen (virtuellen) Lunch oder After-Work-Beer einzuladen, das darf jedes Team oder jede Führungskraft für sich und sein Team entscheiden.

Wer sich selbst als Teil eines Teams begreift, dem fällt die Arbeit in der Regel deutlich leichter. Aus diesem Grund möchte ich Ihnen nun sechs konkrete Ideen für unterhaltsame Online-Teamevents mit auf den Weg geben, die allesamt den Teamgeist stärken sollen:

#1 Zeig uns deinen Arbeitsplatz!

Ob über einen Slack-Kanal oder auf eine andere Art und Weise, das Herzeigen des Arbeitsplatzes der einzelnen Teammitglieder kann eine aufschlussreiche und gleichzeitig lustige Angelegenheit sein. Mit einem einfachen Foto vom Schreibtisch wird schnell klar, welche Vorlieben der Mitarbeiter pflegt und wo er sich gerade befindet. Überraschungen sind da wohl garantiert.

#2 Auf zum After-Work-Yoga!

Eine gemeinsame Yoga-Stunde nach einem anstrengenden Arbeitstag tut nicht nur der Gesundheit und den verspannten Nackenmuskeln gut, sondern stärkt auch das Wir-Gefühl des Teams. Inzwischen gibt es viele kleine und große Anbieter, die virtuell Yoga-Programme anbieten und zu denen unkompliziert Kontakt aufgenommen werden kann und die individuellen Wünsche bzw. Vorstellungen für das Team-Yoga leicht online besprochen und organisiert werden können – in diesem Sinne, Namaste!

#3 Musik an!

Mit Slack oder Spotify kann ganz einfach eine gemeinsame Playlist erstellt werden, auf die alle Kollegen Zugriff haben. Wer Zeit und Lust hat, erweitert die Playlist um ein paar Songs und versorgt damit seine Kollegen mit neuer, wohltuender Unterhaltung. Auf diese Art können motivierente Playlists à la „Get $#!t done“ oder gemütliche Playlist à la „De-stress“ entstehen – und ganz nebenbei wird auch für Gesprächsstoff in der nächsten Plauderrunde gesorgt.

#4 Gehen wir noch auf ein Bier?

Trotz Remote-Arbeiten und Homeoffice kann ein gemeinsames Feierabendbier miteinander genossen werden und über das Weltgeschehen, die nächsten Urlaubspläne oder seinen Lieblingssport geplaudert werden. Wenn eh alles über Video abgehalten wird, sollte auch das After-Work-Beer virtuell stattfinden können. Nur bei einer Sache sei Vorsicht geboten: Arbeitsthemen sollten am Feierabend lieber Tabu bleiben.

#5 Ratet mal …!

Für Unterhaltung und ein besseres Kennenlernen sind Quizrunden eine spaßige Angelegenheit. Mit diesen kleinen Spielchen können sich Kollegen nicht nur besser kennenlernen, sondern auch gemeinsam über die Antworten lachen. Jeder Mitarbeiter stellt dabei fünf Icebreaker-Fragen, auf die alle anderen eine Antwort geben. Im Plauder-Kanal auf Slack werden die Antworten dann anonym geteilt und die Mitglieder erraten, welche Antwort zu welchem Kollegen gehört. Ratespaß garantiert!

#6 Lust auf ein GIF-Battle in der Pause?

Über vier Runden hinweg fügt jeder Teilnehmer zu einem ausgewählten Thema ein GIF in Trello oder Slack ein. Die anderen Teilnehmern vergeben jeweils Punkte für jedes eingereichte GIF. Nach dem Einsenden oder Hochladen aller vier GIFs, wird der GIF-Champion mit den meisten Punkten gekürt. Das Spiel dauert nur 15 bis 30 Minuten und ist garantiert für gute Laune und einen herzhaften Lacher gut.

HEIKLE GESPRÄCHE BRAVOURÖS MEISTERN

"Communication is a skill that you can learn. It's like riding a bicycle or typing. If you're willing to work at it, you can rapidly improve the quality of every part of your life."

Brian Tracy

Gespräche mit Mitarbeitern zu suchen und die Teamkommunikation auf ihre Effizienz hin zu prüfen, zählen zum gut sortierten Instrumentenkoffer von erfolgreichen Führungskräften. Ob das Gespräch dann analog oder digital stattfindet, macht in diesem

Zusammenhang nicht immer einen gravierenden Unterschied – manchmal jedoch schon. Diese drei Fälle schauen wir uns nun im Detail an. Die Rede ist vom Mitarbeitergespräch, dem Bewerbungsgespräch und einem digital abgehaltenen Kündigungsgespräch.

AUTHENTISCHES MITARBEITERGESPRÄCH AUF DISTANZ

In der Büropräsenz begegnen sich Führungskräfte und ihre Angestellten oftmals auf dem Gang, in der Kaffeeküche oder in einem gemeinsam besuchten Meeting. Wann immer solch ein Treffen zufällig oder geplanterweise passiert, bekommt die Führungskraft einen kleinen Eindruck in die Welt des Mitarbeiters. Allein durch die Ausstrahlung wird meist auf den ersten Blick klar, ob dem Mitarbeiter etwas auf dem Herzen liegt oder er einen zufriedenen Eindruck vermittelt. Ist eine Unstimmigkeit zu bemerken, kann die Führungskraft direkt kurz nachfragen und das mögliche Problem frühzeitig eruieren. Online bleibt Führungskräften dieser zufällige Einblick zunächst verwehrt, deshalb gilt es sich diese Informationen bewusst einzuholen.

Ob dies in kurzen Jour-Fix-Gesprächen stattfindet oder mit einem häufigen Rückfragen im Arbeitsalltag abgedeckt wird, kommt auf die Persönlichkeit des Mitarbeiters und der Führungskraft an. „Für die Frequenz der persönlichen

Gespräche rate ich, das bestenfalls direkt mit den Mitarbeitenden zu besprechen. Manche Kollegen brauchen mehr Berührungspunkte, andere wiederum weniger.", rät die New-Work-Expertin Inga Höltmann. Neben regelmäßigem persönlichen Feedback rät sie auch zu wöchentlichen Reflexions-Slots, in denen nicht nur über die Arbeit gesprochen wird, sondern auch über das Miteinander und die gemeinsame Zusammenarbeit. „Was lief gut in dieser Woche? Was lief nicht ideal? Das sind Fragen, die sich das Team gemeinsam stellen sollte", so Höltmann.

Teamgespräche dieser Art sind jedoch nicht als Mitarbeitergespräche zu werten. Für ein Mitarbeitergespräch sollte sich die Führungskraft zusätzlich Zeit nehmen und ein regelmäßiges Vieraugen-Gespräch mit jedem Mitarbeiter organisieren. Oft denken Führungskräfte, sie seien im engen Austausch mit dem Team und bekommen Unstimmigkeiten gewiss zeitnah mit. Im Mitarbeitergespräch kommen jedoch meist ganz andere Themen zu Sprache, die im schnelllebigen Arbeitsalltag oftmals keinen Platz finden.

Aus diesem Grund rät die New-Work-Expertin dazu, sich bewusst Serientermine mit den einzelnen Mitarbeitergesprächen in den Kalender einzutragen. Vier weitere Tipps für ein erfolgreiches, digitales Mitarbeitergespräch warten nun an dieser Stelle darauf von Ihnen kennengelernt zu werden.

Vier Tipps für das erfolgreiche, digitale Mitarbeitergespräch

#1 Nehmen Sie sich Zeit!

Ein gut vorbereitetes und im Anschluss daran erfolgreich durchgeführtes Mitarbeitergespräch benötigt seine Zeit. Bringen Sie als Führungskraft nicht diese notwendige Zeit mit ein, werden Sie mit großer Wahrscheinlichkeit nur oberflächlich über die Zufriedenheit des Mitarbeiters reden und signalisieren der Person damit eine geringe Wertschätzung. Auch wenn Sie das Gespräch bereits nach kurzer Zeit für einen Folgetermin verlassen, zeugt dies nicht von großem Respekt für den einzelnen Mitarbeiter. In solchen Fällen ist es sogar oftmals besser, gar kein Mitarbeitergespräch zu führen und keine negative, nonverbale Nachricht damit zu vermitteln.

Idealerweise legen Sie den Termin für das Gespräch bereits Wochen vorher an und vermitteln dem Mitarbeiter damit „Unser Gespräch ist mir wichtig!“. Wenn das Mitarbeitergespräch nur jährlich stattfindet, ist eine relativ lange Arbeitsphase zu reflektieren und demnach wird deutlich mehr Zeit benötigt wie bei kürzeren Gesprächsintervallen.

Mögliche Fragen für ein Mitarbeitergespräch sind:

- Was lief im letzten Jahr besonders gut?
- Welche Aspekte fielen weniger zufriedenstellend aus?

- In welchen Aspekten kann sich der Mitarbeiter verbessern?
- Welche Wünsche und Zukunftspläne hat der Mitarbeiter?
- Welche Vorstellungen diesbezüglich hat die Führungskraft?

Das sind wichtige Fragen, auf die gut vorbereitete Antworten folgen sollten. Wer ins Mitarbeitergespräch geht und sich mit den Leistungen nur oberflächlich beschäftigt hat, signalisiert dem Mitarbeiter damit leider eine geringe Wertschätzung.

#2 Versuchen Sie lösungsorientiert zu kommunizieren!

Vorwurfsvolle Worte sind bei einem Mitarbeitergespräch ein absolutes No-Go. Es kann durchaus sein, dass die Leistung des einzelnen Mitarbeiters nicht zufriedenstellend ist. Dennoch hilft es nichts mit Sätzen wie „Du arbeitest nicht so, wie wir uns das vorstellen“ um sich zu schmeißen. Auf diese Art wird weder die Fehlerquelle des Problems eruiert noch ein etwaiges Fehlverhalten identifiziert. Es wird lediglich Druck auf den Mitarbeiter ausgeübt - und das ist in den seltensten Fällen von Vorteil. Lösungsorientiert zu kommunizieren und den Mitarbeiter mit Fragen wie „Uns ist aufgefallen, dass das Projekt etwas weniger Aufmerksamkeit erfahren hat. Woran lag es?“ mit ins Boot zu holen, dies ist hier das Kommunikationsmittel der Wahl.

#3 Geben Sie konkretes Feedback und vermeiden Sie Pauschalierungen!

Um beim vorhin genannten Beispiel zu bleiben, geht noch ein zweiter Aspekt damit einher. Mit Sätzen dieser Art ist meist eine persönliche Kränkung verbunden und der Mitarbeiter hat keine Idee, welchen konkreten Aspekt er nun besser machen hätte sollen. Wird hingegen mit einfachen Beispielen die Beobachtung der Führungskraft beschrieben, kann der Mitarbeiter das in der Regel besser nachvollziehen und für sich Verbesserungsvorschläge aus dem Gespräch nehmen. Je konkreter das konstruktive Feedback der Führungskraft ist, umso größer ist die Chance der Einsicht und Änderungsmotivation des Mitarbeiters. Versuchen Sie das ruhig einmal aus!

#4 Schenken Sie Ihrem Mitarbeiter das nötige Interesse!

Neben der nötigen Zeit ist auch die notwendige Aufmerksamkeit ein relevanter Aspekt im Mitarbeitergespräch. Die Person soll sich ernst genommen fühlen, konstruktives Feedback anbringen dürfen und nicht mit Arroganz kleingehalten werden. Das klingt an dieser Stelle nun hoffentlich sehr einleuchtend, ist jedoch in der Praxis (leider) noch viel zu oft anzutreffen. Nur ein Mitarbeitergespräch auf Augenhöhe zollt vom nötigen Respekt - und der ist für eine nachhaltige Zusammenarbeit und einen langfristigen Vertrauensaufbau unabdingbar.

DAS VORSTELLUNGSGESPRÄCH VIA VIDEOCALL

„Companies that refuse to support a remote workforce risk losing their best people and turning away tomorrow's top talent."

Stephane Kasriel, CEO Upwork

Das Rekrutieren neuer Mitarbeiter mag auf den ersten Blick als Hürde für die Führungskräfte aus dem Homeoffice wirken. Immerhin können Bewerbende nicht so leicht „gelesen" werden, auch der begrüßende Handschlag bleibt darüber verwehrt. Die Gründerin der Coaching-Agentur The Globe Team, Katrin Grunwald, unterstützt Manager in der digitalen Personalentwicklung und stellt immer wieder fest: „Die größte Herausforderung einer Führungskraft, ein Vorstellungsgespräch per Online-Tool abzuhalten, liegt in der Überwindung ihrer eigenen Vorurteile."

Für viele Führungsverantwortliche sei das Bild eines Raums mit einem Besprechungstisch und mehrere Gesprächspartnern so stark verankert, dass zunächst Skepsis über den Erfolg eines digitalen Bewerbungsgesprächs aufkommt. Doch, außer dass die Führungskraft die Bewerbenden nicht anfassen kann – was man abseits des Handschlags im normalen Vorstellungsgespräch wohl auch nicht tun sollte –, ist der virtuelle Videocall wie ein gewöhnliches Vorstellungsgespräch. Ob das Gespräch dann den notwendigen Drive erhält, hängt der Expertin zufolge weniger von der Frage der analogen oder digitalen Kommunikation ab, als von den Gesprächspersonen an sich. Auch im Gespräch am runden Tisch kann ein Vorstellungsgespräch langatmig und schleppend sein, wenn der Esprit zwischen den Personen nicht passt.

Grunwald zufolge ist die inhaltliche Vorbereitung für ein digitales Vorstellungsgespräch einer der wichtigsten Faktoren. Sich ausgiebig mit dem Lebenslauf des Bewerbers auseinander zu setzen, die Ergebnisse der Testaufgabe zu betrachten, eine Frageliste für das Gespräch vorzubereiten und inhaltlich relevante Aspekte in Erfahrung zu bringen, machen den Erfolg oder Misserfolg eines solchen Gesprächs aus. Es dürfen auch Fragen über die Art der Arbeitsweise oder vorherige Erfahrungen mit Remote-Work geklärt werden, sofern dies für die Führungskraft von Interesse ist. Der große Unterschied zum Gespräch im Büro ist Grunwald zufolge die technische Komponente und die gilt es von beiden Seiten vorab zu prüfen, damit direkt beim Gesprächsstart mit dem Inhaltlichen gestartet werden kann.

Manche Unternehmen lassen sich auch ein kurzes Vorstellungsvideo der Bewerber senden, um vorab ein Bewegbild des Kandidaten zu sehen. Dieser Tipp ist insbesondere dann ratsam, wenn das Bewerbungsgespräch nicht per Videocall, sondern per Telefon abgehalten wird.

Auf diese Art wird ein erster Eindruck der Person übermittelt, und die Einschätzung fällt durch visuelle Faktoren wie Mimik, Gestik und Ausstrahlung mit unter leichter.

Ein weiterer Tipp der Expertin liegt in einer abschließenden, kleinen Aufgabe, die der Kandidat kurz präsentieren soll. Wenn er vorab eine Aufgabe zugeschickt bekommt, kann er im Bewerbungsgespräch kurz beweisen, wie er im Präsentieren bei Videokonferenzen wirkt, ob das digitale Erläutern der Ergebnisse für ihn eine Hürde darstellt und wie souverän er solche Situationen meistert. Auf diese Art erhält der Personalverantwortliche einen spannenden Einblick und kann den Bewerber besser einschätzen.

Vier Fragen für das erfolgreiche, virtuelle Bewerbungsgespräch

#1 Was zeichnete Ihre liebste Führungskraft aus, die Sie je hatten?

Mit dieser Frage wird schnell klar, welche Art der Zusammenarbeit für den Bewerber ideal erscheint. Arbeitet er oder sie gern auf Augenhöhe zusammen, oder erhält er oder sie einfach lieber nur konkrete Arbeitsaufgaben und arbeitet diese gewissenhaft ab. Will er oder sie im engen Austausch mit der Führungspersönlichkeit stehen oder lieber an der langen Leine mit jeder Menge Freiraum zum Lösen der Aufgaben gelassen werden? In dieser Antwort liegt sehr viel Potenzial, bei der auch durchaus ein

Nachfragen an der einen oder anderen Stelle erlaubt und sinnhaft ist.

#2 Welches Arbeitsklima hat Sie bei Ihrem letzten Arbeitgeber motiviert bzw. demotiviert?

In dieser Antwort wird schnell klar, wie reflektiert ein Bewerber über sich, sein Verhalten oder das Thema Arbeitsklima denkt. Kommt auf Anhieb ein Vortrag über die schlechten Seiten des Arbeitgebers, spricht das für sich. Werden jedoch durchaus auch die guten Seiten dargestellt und das Thema Arbeitsklima sachlich begutachtet, wird ebenso einiges klar. Oftmals sind es die Zwischentöne, die bei Antworten zu dieser Frage das Interessante an den Tag befördern.

#3 Wie haben Sie in der Vergangenheit Konflikte mit Kollegen gelöst?

Am besten wird diese Frage mit einem konkreten Beispiel belegt, um nicht in der theoretischen Abhandlung der Ereignisse stecken zu bleiben. Bewerber geben in der Regel mehr über sich preis, wenn sie über eine konkrete Situation berichten. Da auch jede Person etwas anderes unter dem Begriff „Konflikt" versteht, kann die Antwort auch in diesem Aspekt einiges an Aussagekraft mit sich bringen.

#4 Wenn Sie es sich aussuchen könnten, wie oft möchten Sie Feedback erhalten und wie?

Ähnlich wie in der vorigen Frage lässt auch diese Wortwahl

mehrere Antwortmöglichkeiten offen. Versteht der Bewerber unter Feedback eine Rückmeldung zur geleisteten Arbeit oder eine persönliche Einschätzung zu seiner Person? Reicht ihm ein Jahresgespräch, oder möchte er wöchentlich zu seiner persönlichen Leistung ein Feedback erhalten. Je nach dem passt der Jobsuchende besser oder schlechter in das Team und zur Führungskraft. Auch hier können Informationen zwischen den Zeilen große Wellen schlagen, oder anders ausgedrückt, wertvolle Einsichten in die Persönlichkeit und seine Erwartungshaltungen der Arbeit und der Unternehmenskultur liefern.

MENSCHLICH BLEIBEN BEIM KÜNDIGUNGSGESPRÄCH

„Du bist heute im Homeoffice, oder?“
„Ja, warum?“
„Du drückst hier im Büro schon zum zehnten Mal ein indisches Rezept aus und der Chef hat Angst, gehackt worden zu sein.“

Unbekannter Autor, Twitter

Was zunächst zum Schmunzeln einlädt, hat mitunter einen ernsten Hintergrund. Mitarbeiter, die mit der Freiheit des Homeoffice nicht umgehen können und nicht die gewünschte Leistung liefern, sind für das Unternehmen oft nicht länger tragbar. Insbesondere in Krisenzeiten müssen Kündigungsgespräche durchaus auch manchmal virtuell abgehalten werden – eine Vorstellung, die bei mancher Führungskraft Unbehagen auslöst. Damit Ihnen jedoch auch dies gelingen kann, gibt es einige hilfreiche Tipps und Hintergrundinformationen.

Eine erfahrene Beraterin bei betrieblichen Trennungsprozessen ist Leonie Pfeufer von der Bird&Bird-Kanzlei. Ihre Expertise liegt im Bereich Vertragsgestaltung, und obwohl ihr Fachgebiet das Aufsetzen von richtigen

Arbeits- und Trennungsverträgen ist, hat sie einen speziellen Tipp für das Kündigungsgespräch auf virtuellem Weg: Der Ton macht die Musik! Eine angemessene Wertschätzung dem Mitarbeiter gegenüber soll - unabhängig vom Grund der Kündigung -zwingend notwendig vermittelt werden. Außerdem ist Empathie für einen fairen Kündigungsprozess unumgänglich. Aus diesem Grund raten Experten immer zu der persönlichsten Art der Kommunikation, die in dieser Situation gerade möglich ist. Das heißt dann eben Videochat anstelle eines Telefonats, oder Telefonat anstelle einer E-Mail-Nachricht. Sich innerlich auf die unterschiedlichen Reaktionen des Mitarbeiters vorzubereiten, kann ebenso den Druck herausnehmen. Eventualitäten des Gesprächsverlaufs bereits im Vorfeld abzudecken, kann helfen das Gespräch bewusst in eine positive Richtung zu führen und die Gefahr, in Vorwürfe oder Anschuldigungen verwickelt zu werden, deutlich zu minimieren.

Bei der Kündigung an sich ist es unumgänglich, ganz klar und sachlich die vorhandenen Fakten zu kommunizieren. Eine besondere Coolness oder Härte sind an dieser Stelle fehl am Platz, ebenso wie knapp angebunden zu sein und das Kündigungsgespräch nach wenigen Sätzen zu beenden. Für ein Kündigungsgespräch sollte sich der Verantwortliche mindestens 15 Minuten Zeit nehmen und es möglichst am Tages- oder Wochenbeginn durchführen.

Idealerweise werden bei der Kündigung auch gleich Folgeschritte besprochen, die den Mitarbeiter unterstützen werden. Antworten auf die folgenden Fragen können an dieser Stelle vorab vorbereitet und im Gespräch als aktive Hilfe eingebracht werden: Weiß der Mitarbeiter, an welche Stelle er sich als nächstes wenden muss? Hätte er gern ein Referenzschreiben? Besteht die realistische Möglichkeit ihn zu einem späteren Zeitpunkt wieder einzustellen? An dieser Stelle ist jedoch Fairness das oberste Gebot. Dem Mitarbeiter diesbezüglich falsche Hoffnungen zu machen, ist nicht ratsam.

Damit das restliche Team ebenso transparent informiert wird und dem Buschfunk zuvorgekommen wird, ist eine zeitnahe Kommunikation mit dem Team durchzuführen. In einem der regelmäßigen Meetings kann die aktuelle Situation kurz dargelegt werden und die Neuigkeit verbreitet werden. Wichtig ist an dieser Stelle auch, die Mitarbeiter über die nächsten Schritte zu informieren. Wie die Übergabe abläuft, ob es eine E-Mail-Weiterleitung gibt oder externe Ansprechpartner informiert werden müssen, gilt es an dieser Stelle klar und transparent zu kommunizieren.

Generell haben Experten den Tipp auf Lager, sich für das Offboarding etwas mehr Zeit zu lassen. Im Wesentlichen besteht es neben der Kündigung auch aus der Übergabe der offenen Projekte und der Deaktivierung der einzelnen Zugänge bzw. der Rückgabe der verwendeten Hardware. Besonders die Rückgabe des Firmenlaptops und Firmenhandys kann ruhig mit etwas Gelassenheit gesehen werden. In der Praxis darf der Mitarbeiter dies meist noch so lange nutzen, wie sein Vertrag aktiv ist. Durfte er es in der Vergangenheit auch privat nutzen und ist das Gerät für das Unternehmen nicht gleich notwendig, so kann es dem gekündigten Mitarbeiter durchaus als Zeichen des guten Willens noch etwas länger überlassen werden. Bei der Übergabe von offenen Projekten und sicherheitsrelevanten Zugängen soll es im Normalfall zu einer raschen Klärung kommen. Nützlich sind an dieser Stelle auch oftmals vorbereitete Offboarding-Listen, die an die IT-Kollegen weitergereicht werden können. Sie sind es ja in der Praxis meist, die für die Deaktivierung der Zugänge und die Verwaltung der Hardware verantwortlich sind.

EIN AUSBLICK: REMOTE-LEADERSHIP IN DER ZUKUNFT

“We believe remote is the future of work, as it delivers extraordinary benefits to businesses and employees […]. For companies, there are unique operational efficiencies, huge cost savings on office space and a broader pool of job applicants. For employees, this structure enables off-peak lifestyles, family-friendly flexible schedules, and improved work/life harmony. We believe that a world with more all-remote companies will be a more prosperous one, with opportunity more equally distributed.“

Sid Sijbrandij, CEO GitLab

Lange vor dem Ausbruch der Corona-Epidemie ist der CEO von GitLab zu dieser Erkenntnis gekommen. Seit knapp 10 Jahren führt er das Softwareunternehmen GitLab bereits vollständig remote. Es gibt Wochen, an denen er 16 neue Mitarbeiter einstellt, und dies völlig remote. Für ihn stellt die Tatsache der Remote-Arbeit einen entscheidenden Wettbewerbsvorteil dar, wie aus dem obigen Zitat nicht unschwer herauszulesen ist.

GitLab gilt im Bereich des „New Work“ als Musterschüler, der sein Wissen über die jahrelangen Learnings noch dazu einer breiten Öffentlichkeit zugänglich macht. Allen Interessierten steht ein umfangreiches „Remote Manifest“ zur öffentlichen Einsicht bereit, das den beschrittenen Weg hin zum dezentralen Team dokumentiert und detailgetreue Einsichten liefert. Sollte dieses Buch in Ihnen den Drang ausgelöst haben, noch mehr über dieses Thema erfahren zu wollen, kann ich Ihnen das GitLab-Manifest wirklich ans Herz legen. Sie werden einige Praxistipps entdecken, die wir auch in diesem Buch analysiert haben. Darüber hinaus wartet jedoch eine Thementiefe auf Sie, die es wert ist, gelesen zu werden.

Neben diesem weiterführenden Lesetipp möchte ich Ihnen zum Abschluss jedoch noch meine Einschätzung über die zukünftige Entwicklung dieses Themas geben. Zu oft werde ich in meiner Tätigkeit als Coach und Leadership-Expertin nach meiner persönlichen Einschätzung dazu gefragt: **Handelt es sich bei dezentralen Teams um einen langfristigen Trend oder eher um einen kurzfristigen, corona-bedingten Hype?**

Um diese Frage beantworten zu können, möchte ich Ihnen zwei letzte Studienergebnisse vorstellen. Einerseits ist eine Studie des Deutschen Institut für Wirtschaftsforschung (DIW) zu dem Schluss gekommen, dass vier von zehn Arbeitnehmern ihren Job eigenen Angaben zufolge gut von zu Hause aus erledigen könnten. Dieses Ergebnis beantwortet wohl die Frage, wieviel Personen theoretisch von zu Hause arbeiten könnten – und wahrscheinlich sind es durchaus mehr wie der durchschnittliche Manager vermuten mag.

Andererseits hat eine zweite Umfrage unter 1.000 Erwachsenen in Österreich inmitten der Corona-Pandemie ergeben, dass nach 4 Wochen corona-bedingtem Homeoffice die Zufriedenheit über die neue Arbeitssituation von Seiten der Arbeitnehmer überraschend groß ist. Die Agentur TQS Research & Consulting hat in der zweiten Aprilwoche 2020 die Zufriedenheit der Remote-Arbeitenden in Österreich eruiert. Der Leiter der Umfrage, Dieter Scharitzer, resümiert dabei: „Trotz des abrupten Kaltstarts ins Homeoffice am 15. März funktioniert das neue Arbeitsmodell hervorragend. Der Großteil der Österreicher ist im Homeoffice sehr zufrieden und arbeitet den eigenen Einschätzungen nach äußerst produktiv".

In Österreich musste etwa ein Viertel der Bevölkerung mit den Ausgangsbeschränkungen zur COVID-19-Pandemie von einem Tag auf den nächsten von zu Hause aus arbeiteten. 40 Prozent haben dies zuvor noch nie getan, 20 Prozent nur selten. Und nach einem Monat Zwangs-

Homeoffice sind 86 Prozent der Befragten mit der Vereinbarkeit von Job und Familie überraschend zufrieden. Rund 60 Prozent der Befragten haben den Eindruck, dass ihre Produktivität sogar höher ist als im Büro, und 70 Prozent macht die Arbeit daheim Spaß und sie wollen diese Option auch nach der Coronavirus-Pandemie verstärkt nutzen.

Eines steht schon heute fest: Unternehmen, die ihren Mitarbeitern über die COVID-19-Pandemie hinaus die Option zum (zumindest teilweisen) Remote-Arbeiten anbieten, werden wesentlich zufriedenere Mitarbeiter haben, eine signifikante Kostenreduktion feststellen können, flexiblere Arbeitsstrukturen erleben und in Summe einen damit einhergehenden Wettbewerbsvorteil genießen dürfen. Es lohnt sich deshalb dieses zukunftsträchtige Thema aktiv mitzugestalten - die damit einhergehenden Chancen sind für kleine wie große Unternehmen enorm.

“

KONNTEN SIE ETWAS LERNEN?

Abschließend kommen wir noch zu dem Teil dieses Buches, in dem ich Sie um einen kleinen Gefallen bitte. Wahrscheinlich ist Ihnen bekannt, wie bedeutsam Rezensionen in der Welt der Bücher sind. Kunden verlassen sich beim Stöbern durch die Online-Bücherregale auf abgegebene Bewertungen und treffen aufgrund der Sterneanzahl Ihre Leseentscheidung. Indem Sie nun mein Buch bewerten, schenken sie ihm innerhalb eines fast schon überfüllten Amazon-Marktplatzes Sichtbarkeit - und genau um diese Mithilfe möchte ich Sie nun bitten.

Sollten Sie Gefallen an diesem Buch gefunden haben und es als hilfreich einstufen, wäre ich Ihnen für eine ehrliche

Bewertung sehr dankbar. Um eine Bewertung zu hinterlassen, klicken Sie am Ende des Buchs auf die Sterne und bewerten das Buch mit einigen kurzen Sätzen. Schreiben Sie bitte, was Sie davon gehalten haben, oder was Ihnen besonders gut gefallen hat. Sollten Sie etwas vermisst haben, oder etwas nicht Ihre Erwartung erfüllt haben, dürfen Sie das selbstverständlich ebenso dort anbringen. Darüber hinaus stehe ich Ihnen gerne persönlich für Feedback, Rückfragen oder Anregungen zur Verfügung (E-Mail: lorelei@luve-publishing.com).

Ich lese jede eingegangene Bewertung und nehme sie mir sehr zu Herzen. Schlussendlich sind es diese ehrlichen Zeilen, die mir helfen meine Bücher in Zukunft noch besser zu gestalten und Ihnen damit ein noch besseres Leseerlebnis bieten zu können.

Nun bedanke ich mich für Ihre Unterstützung und grüße Sie ganz herzlich,

Ihre Lorelei Kopp

ÜBER DIE AUTORIN

Lorelei Kopp ist Autorin, Business-Coach und Trainerin im Bereich des Teambuilding, Leadership und Human Ressource Management. Über Jahre hinweg hat sie sich mit einer Vielzahl an Aus- und Weiterbildungen zur Expertin in diesem zwischenmenschlichen Bereich entwickelt und teilt heute ihr Wissen mit Führungskräften gleichermaßen wie mit angehenden Trainerkollegen.

Das geballte Wissen gibt Lorelei Kopp seit Jahren an Unternehmer, Führungskräfte und Personalverantwortliche in Österreich, Deutschland und der Schweiz weiter. Sie ist darüber hinaus auch eine beliebte Speakerin im Themenbereich des "Leadership" und gilt sowohl im Seminarraum als auch auf der großen Konferenzbühne als wortgewandte und erfahrene Expertin. Mit ihrem Debut-Ratgeber "Spielend leichtes Teambuilding" gibt Lorelei Kopp die Fülle an gesammeltem Know-how und den von ihr erarbeiteten Pool an Spielideen erstmals an interessierte

Leserinnen und Leser weiter. Das Feedback zu diesem Buch war derart erfreulich, dass sie inmitten der Corona-Pandemie ein weiteres Ratgeberbuch publizierte: "Leadership im Homeoffice" unterstreicht das enorme Erfolgspotenzial und die damit einhergehenden Chancen von dezentral geführten Teams und bietet Personalverantwortlichen, Managern und Führungskräften eine breite Fülle an praktischen Tipps und konkreten Tools für die erfolgreiche Zusammenarbeit von Remote-Teams.

Lorelei Kopp lebt mit ihrer Familie in München, zaubert in der Freizeit leidenschaftlich gerne Leckereien in der Küche und liebt es gemeinsam mit ihren beiden Kindern und ihrem Mann in der Natur zu sein.

WEITERE BUCHEMPFEHLUNGEN

Wir schenken Ihnen ein E-Book!

Im LUVE-Publishing-Verlag warten noch jede Menge Bücher darauf von Ihnen entdeckt zu werden. Tragen Sie sich auf www.luve-publishing.com in den Newsletter ein und erhalten Sie ein kostenloses E-Book Ihrer Wahl.

Die Welt der Bücher ist zu schön, um sie nicht zu teilen!

Wir lieben es in die Welt der Bücher einzutauchen, neue Aspekte zu erkunden und diese spannenden Themen mit Ihnen zu teilen. In diesem Sinne, viel Spaß beim Eintauchen in unsere Bücherwelt und gute Unterhaltung beim Lesen einiger weiterer, spannender Bücher!

SPIELEND LEICHTES TEAMBUILDING

Große Leistungen stammen selten von Einzelkämpfern. Aus diesem Grund ist Teambuilding in modern geführten Unternehmen essentiell geworden.

Sind Sie als angehender oder bereits etablierter Trainer, Coach oder Berater auf der Suche nach Inspiration für das nächste Teambuilding-Seminar? Dann ist dieses Buch genau für Sie! Schritt für Schritt erlernen Sie den Aufbau einer Teamentwicklung und halten schlussendlich das gesamte Spektrum eines erfolgreichen Team-Workshops in den Händen.

PROKRASTINATION

Sich von der chronischen Aufschieberitis zu Verabschieden und mit mehr Disziplin durchzustarten liegt nur eine Buchlänge von Ihnen entfernt. Verschieben Sie dieses Thema der Prokrastination nicht auf später, morgen oder nächste Woche.

Packen Sie es besser JETZT an, die Zeit des Aufschiebens ist vorbei! Bei diesem Buch handelt es sich definitiv um einen Ratgeber, der besser nicht auf morgen verschoben werden sollte.

SPORT UND INTERVALLFASTEN

Fitnessexpertin Johanna Rocchi geht in ihrem Debüt-Ratgeber der Frage nach, inwiefern sich das Intervallfasten mit dem Sport verträgt?

Mit Hilfe von unterhaltsam aufbereiteten Ergebnissen sowie ihrer eigenen, langjährigen Erfahrung als Athletin und Trainerin rückt die Autorin dieses spannende Thema nun ins Zentrum der Fitnesswelt. Jüngsten Studien zufolge ergänzen sich Sport und Intervallfasten perfekt und unterstützen sich in ihren positiven Effekten sogar gegenseitig.